V&R

Habermanns
Mühle

D1726439

Handlungskompetenz im Ausland

herausgegeben von
Alexander Thomas, Universität Regensburg

Vandenhoeck & Ruprecht

Sylvia Schroll-Machl
Ivan Nový

Beruflich
in Tschechien

Trainingsprogramm für Manager,
Fach- und Führungskräfte

Vandenhoeck & Ruprecht

Die 8 Cartoons hat Jörg Plannerer gezeichnet.

Bibliografische Information Der Deutschen Bibliothek

Die Deutsche Bibliothek verzeichnet diese Publikation in der Deutschen Nationalbibliografie; detaillierte bibliografische Daten sind im Internet über <http://dnb.ddb.de> abrufbar.

ISBN 3-525-49055-0

© 2003 Vandenhoeck & Ruprecht, Göttingen
www.vandenhoeck-ruprecht.de
Printed in Germany. – Das Werk einschließlich aller seiner Teile ist urheberrechtlich geschützt. Jede Verwendung außerhalb der engen Grenzen des Urheberrechtsgesetzes ist ohne Zustimmung des Verlages unzulässig und strafbar. Das gilt insbesondere für Vervielfältigungen, Übersetzungen, Mikroverfilmungen und die Einspeicherung und Verarbeitung in elektronischen Systemen.
Satz: Satzspiegel, Nörten-Hardenberg
Druck- und Bindearbeiten: Hubert & Co., Göttingen

■ Inhalt

■ Vorwort

Tschechien ist der Nachbar, mit dem Deutschland eine der längsten Grenze verbindet und trennt – geografisch und historisch. Seit der Wende bestehen rege Wirtschaftskontakte und deutsche Unternehmen investieren am meisten in der Tschechischen Republik. Zudem wird Tschechien ab 1. Mai 2004 EU-Mitglied sein. Gründe genug für Deutsche, sich näher mit den Tschechen und ihrer Art zu befassen.

Das hier vorgelegte Trainingsprogramm basiert auf den Ergebnissen eines mehrjährigen Forschungsprojekts zum Thema »Businesskontakte zwischen Deutschen und Tschechen. Kulturunterschiede in der Wirtschaftszusammenarbeit«, das trinational zum Kulturvergleich Tschechien – Österreich – Deutschland an der Wirtschaftsuniversität Wien begonnen (Fink, Nový, Schroll-Machl 2001) und dann binational (Tschechien – Deutschland) an der Universität Regensburg weitergeführt wurde (Schroll-Machl 2001).

Ausgangspunkt war die Überlegung, dass nur diejenigen authentisch über Unterschiede im Verhalten von Tschechen und Deutschen Auskunft geben können, die lange und intensiv mit Tschechen zusammengearbeitet oder auch zusammengelebt haben. So wurden deutsche Unternehmer, Fach- und Führungskräfte über ihre Beobachtungen und Erfahrungen mit Tschechen befragt, die Ergebnisse analysiert und ein Trainingskonzept daraus entwickelt. Mit diesem Trainingskonzept führen wir seit nunmehr mehreren Jahren regelmäßig Interkulturelle Seminare für Deutsche und Tschechen durch, um sie im Gelingen ihrer Kooperation zu unterstützen (Schroll-Machl u. Nový 2000; Nový u. Schroll-Machl 1999).

Mit diesem Buch wird dem Leser ein Filetstück der Trainings

zum Selbststudium zur Verfügung gestellt, und zwar entweder zur direkten Vorbereitung auf den Arbeitseinsatz oder zur Vorbereitung auf Dienstreisen nach Tschechien.

An dieser Stelle sei allen gedankt, die zum Gelingen des Werks beigetragen haben: allen Interviewpartner, die sich Zeit genommen haben, uns über ihre Erfahrungen zu berichten; allen Informanden, die uns die tschechische Perspektive für die gesammelten Erfahrungen erläuterten; allen Teilnehmern unserer Seminare und Trainings, die uns durch ihre Offenheit einen Einblick in ihre Schwierigkeiten und ihre Wege, diese zu meistern, gewährt haben.

Wir wünschen den Leserinnen und Lesern des Buchs, dass es ihnen in ihrer Kooperation mit Tschechen persönlich gut gehe *und* dass sie auf ihre Aufgaben bezogen erfolgreich sind. Dazu möge ihnen dieses Buch genug geistiges Rüstzeug liefern: eine gehörige Portion Verständnis und Sympathie für die tschechische Seite sowie ausreichend Distanz zu den eigenkulturellen (deutschen) Mustern und Selbstverständlichkeiten.

Sylvia Schroll-Machl
Ivan Nový

■ Einführung in das Training

■ Zielsetzung und theoretischer Hintergrund

Kultur, das wird selbst zwischen Nachbarn erfahren, beeinflusst und prägt das Denken, Fühlen und Handeln der Menschen. Ein Arbeits- und Führungsstil, wie er in Deutschland selbstverständlich ist, erweist sich in Tschechien mitunter als unangemessen und kontraproduktiv. Die Art und Weise, wie dort Lösungen für Probleme gesucht werden, weist häufig erhebliche Unterschiede zu deutschen Methoden auf.

Kultur offenbart sich als ein spezifisches System von Werten, Normen, Regeln und Einstellungen, das nachhaltig das Verhalten der Mitglieder einer Gruppe, Organisation, Gesellschaft oder Nation beeinflusst. Jede Kultur bietet ihren Mitgliedern eine Reihe von Möglichkeiten, das individuelle und gemeinsame Handeln zu gestalten und die soziale Umwelt wahrzunehmen. Kultur setzt jedoch auch Grenzen und bestimmt damit die Maßstäbe für die Bewertung des Verhaltens der Mitmenschen. Was als richtig, effizient, klug, als normal, selbstverständlich oder denkbar angesehen wird, ist nicht abhängig von einer universellen Vernunft, sondern von der landesspezifischen Kultur. Innerhalb einer Kultur herrscht Einverständnis über die Art und Weise der optimalen Regulierung zwischenmenschlichen und gesellschaftlichen Handelns (Thomas 1996).

Verstehen wir Kulturstandards als Beschreibungsparameter einer Kultur, so lässt sich diese als ein Orientierungssystem auffassen, in dem wir uns mit Hilfe dieser Kulturstandards zurechtfinden. Kulturstandards leiten das Denken, Wahrnehmen, Urteilen und Handeln der Mitglieder einer Kultur in weiten Bereichen. Sie sind in der Geschichte eines Volkes verwurzelt und untereinander

9

vielfältig verknüpft. Kulturstandards haben sich also nicht zufällig entwickelt, sondern sind das Resultat einer langen Auseinandersetzung der Menschen mit wechselvollen sozialen, politischen und ökonomischen Umwelten. Über all diese Veränderungen hinweg erhalten Kulturstandards eine Kontinuität, sie stellen die Folie dar, auf der Änderungen und Neuerungen abgetragen werden (Thomas 1996). So wirken brisante politische und ökonomische Veränderungen, wie sie in den letzten Jahren in Tschechien zu beobachten sind, zwar auf tschechische Kulturstandards ein und werden diese langfristig auch verändern. Die »Wende« wirkt jedoch nicht unvermittelt auf das Handeln der Menschen, sondern auf dem Hintergrund der tradierten Kulturstandards. Nur allmählich werden die veränderten Handlungsbedingungen zu Veränderungen der Kulturstandards führen, denn aus den geänderten Lebensbedingungen müssen erst wieder Regeln erwachsen oder alte Regeln so verändert werden, dass deren Bedeutung von allen Mitgliedern der Kultur gutgeheißen und mitgetragen wird. Ein solcher Prozess zieht sich über mehrere Generationen hin, wie sich auch an der Art und Weise des Erlernens von Kulturstandards zeigen lässt.

Kulturstandards sind demnach kein starrer, festgeschriebener Regelkanon. Es sind Selbstverständlichkeiten, Leitlinien gesellschaftlichen und sozialen Handelns, die im Laufe der Sozialisation des Individuums in die Gesellschaft hinein erlernt werden. Eltern, Großeltern, Kindergarten, Schule, Universität, Beruf sind beispielsweise gesellschaftliche und damit kulturell geprägte Institutionen, die kulturelle Werte, Normen, Einstellungen, Bedeutungen und eben Kulturstandards vermitteln. Diese Institutionen sind gegenüber kurzfristigen Veränderungen in gesellschaftlichen Teilbereichen relativ unempfindlich, weshalb sich Kulturstandards weit langsamer als sozioökonomische Rahmenbedingungen verändern.

Wie stark und auf welche Weise das eigene Verhalten durch Kulturstandards geprägt ist, wird oft erst im Kontakt mit Fremden deutlich. In der Zusammenarbeit und Auseinandersetzung mit ihnen wird die Selbstverständlichkeit bestimmter Handlungsroutinen und Einstellungen immer wieder in Frage gestellt. Andere Völker haben aufgrund ihrer Geschichte und ökonomischen, sozialen und politischen Lebenswelten eigene, sehr spezifische Kulturstandards ausgebildet, die von den Mitgliedern dieser Kultur ebenfalls für natürlich und selbstverständlich erachtet werden. Beim Aufeinandertreffen von Individuen zweier Kulturen begegnen sich also nicht nur zwei Menschen mit verschiedenen Sprachen, Zielen, Normen und Werten, sondern auch verschiedene kulturelle Orientierungssysteme, die Art und Weise des Handelns ebenso mitbestimmen wie aktuelle Ereignisse und Bedingungen.

Da Kulturstandards weite Bereiche des Denkens, Wahrnehmens und Handelns regulieren, reicht der oft empfundene und tatsächliche Orientierungsverlust über die berufliche Sphäre hinaus auch in die persönlichen Gepflogenheiten hinein. Der bisher sozial und fachlich kompetente Vorgesetzte erlebt plötzlich Unzulänglichkeiten in Bereichen seiner Mitarbeiterführung, die er noch nicht einmal potenziell als problematisch wahrgenommen hat. Eine Menge der ihm vertrauten Verhaltensweisen werden missverstanden oder führen zu unerwarteten Reaktionen. Selbst Bemühungen, dies zu ändern, scheitern immer wieder auf unverständliche Weise.

Erst ein Verständnis für die Bedeutung und Sinnhaftigkeit der beobachteten fremdkulturellen Verhaltensweisen führt in einem Prozess interkulturellen Lernens aus dieser Krise heraus. Wenn begreifbar und nachvollziehbar wird, warum welches Verhalten wann gezeigt wird, kehren Orientiertheit und Handlungssicherheit zurück. In diesem Lernprozess kommt Kulturstandards eine Schlüsselrolle zu. Sie vermitteln ein tieferes Verständnis für die Bedeutung und Sinnhaftigkeit bestimmter, in verschiedenen Situationen zu beobachtender Verhaltensweisen.

Damit beschränkt sich interkulturelles Lernen nicht auf das Imitieren kuluradäquater Verhaltensmuster. Statt dessen eröffnen sich variable Handlungsmöglichkeiten, die auf der Basis des Verständnisses der kulturellen »Regeln« eigenständig konstruiert werden können und die Sicherheit geben, dass die Handlungspläne für den fremdkulturellen Partner nachvollziehbar sind. Interkulturelle Kompetenz erschöpft sich nicht in Anpassungsfähigkeit an fremdkulturelle Denk- und Handlungsmuster, sondern meint die Fähigkeit zum partnerschaftlichen Dialog. Voraussetzung dafür ist jedoch, dass die Denkgewohnheiten, Selbstverständlichkeiten und Empfindlichkeiten des Partners erkannt und respektiert werden. Unter diesen Voraussetzungen kann eine gemeinsame Verständigungsbasis nach und nach aufgebaut werden, die sich zwischen beiden Kulturen bewegt, die Vorteile aus beiden Kulturen nutzbar machen kann und synergetisch wirkt.

Das Erlernen von Kulturstandards beginnt sinnvollerweise schon vor der Reise nach Tschechien, schon bevor manches schief läuft. Denn es sind nützliche Instrumente, die helfen, Situationen systematisch zu analysieren, zu verstehen und adäquat zu reagieren. Die in diesem Trainingsprogramm dargestellten Kulturstandards sind jeweils an eine Reihe konkreter Situationsbeschreibungen zwischen Deutschen und Tschechen geknüpft. So bietet das Trainingsmaterial ein kontextnahes Lernumfeld, in dem Schritt für Schritt tschechienspezifische Problemfelder kennen gelernt und konkrete Lösungsmöglichkeiten sowie abstrakte, allgemein gültige Erläuterungen der Verhaltensweisen im Sinne von Kulturstandards dargestellt werden.

■ Aufbau und Ablauf des Trainings

Die *erste Stufe* dieses Lernprozesses ist die Konfrontation mit andersartigen, unerwarteten Verhaltens- und Reaktionsweisen. In einer kurzen Situationsschilderung wird eine Interaktion zwischen einem tschechischen und einem deutschen Partner vorgestellt. Der Leser wird mit dem tschechischen Verhalten unvorbereitet konfrontiert und ist gezwungen, sich zuerst seine eigenen Erklärungen für dessen Verhalten zurechtzulegen. Dabei wird natürlich das eigenkulturelle, deutsche Orientierungssystem genutzt. In Ermangelung vorhandener tschechischer Erklärungsmuster werden also deutsche herangezogen. Dadurch werden die *eigenkulturellen Erklärungs- und Deutungsmuster* bewusst und können mit tschechischen Kulturstandards kontrastiert werden. So kann sich der Lernende für die Art und Weise *sensibilisieren*, wie Kultur sein eigenes, als individuell und autonom empfundenes Handeln beeinflusst. Die Kenntnis eigenkultureller Standards und die Erfahrung im Umgang mit ihnen sind wichtige Voraussetzungen für die flexible und kreative Anwendung der zu erlernenden tschechischen Kulturstandards, die, ebenso wie deutsche, Spielräume für die Ausgestaltung persönlichen und situationsspezifischen Verhaltens gewähren.

In der *zweiten Stufe* des Lernprozesses werden dem Leser vier alternative Deutungen zu der jeweils geschilderten Interaktionssituation angeboten. Diese sind in unterschiedlichem Maße kulturangemessen, das heißt, die zugrunde liegenden Deutungsmuster entstammen entweder eher der tschechischen Kultur oder eher der deutschen und erklären so das Verhalten unterschiedlich angemessen. Erst die Orientiertheit über die Gründe, Ursachen und Ziele einer Handlung schafft die Voraussetzung für eine angemessene Reaktion. Diese Voraussetzung zu erfüllen, indem *eine Reihe von Alternativen* erwogen wird, anstatt vorschnell eine Entscheidung zu treffen, wird hier geübt und zu einer Routine vertieft.

Die Aufgabe des Lesers besteht darin, sich durch die Beurteilung der Antwortalternativen, die sich daraus ergebenden Konsequenzen zu vergegenwärtigen und so die Abhängigkeit des Handelns von kulturellen Deutungsmustern zu erkennen. Es ist daher nicht Ziel dieses Trainingsabschnitts, nur die kulturadäquateste Deutung zu entdecken und sich diese einzuprägen. Die Angemessenheit einer Reaktion oder Handlung in der interkulturellen Begegnungssituation ist immer auch abhängig von den Handlungszielen der Beteiligten. Mitunter ist die maximale Anpassung an kulturtypische Verhaltensweisen weder das Ziel des tschechischen noch des deutschen Partners. Entscheidend ist vielmehr die Fähigkeit, Verhalten *kulturangemessen zu deuten* unter Berücksichtigung von Beweggründen, Zielen, Sinn und formalen Verlaufsbedingungen.

Auf der *dritten Stufe* des Lernprozesses werden die hinter den gegebenen Antwortalternativen verborgenen Deutungsmuster, die kulturtypischen Attributionen oder Bedeutungen erklärt. Es wird für jede Antwortalternative ausgeführt, bis zu welchem Grad oder unter welchen Umständen diese kulturangemessen ist oder nicht. Der Leser erhält an dieser Stelle also konkrete Informationen über die *kulturellen Hintergründe* und Ursachen des in der jeweiligen Beispielsituation geschilderten tschechischen Verhaltens. Das in der Beispielsituation als Einzelfall dargestellte Verhalten wird auf ein allgemein gültigeres Niveau gehoben, um das Typische deutlich und verständlich zu machen.

Auf der *vierten Stufe* des Lernprozesses wird der Leser angeregt, sein inzwischen erworbenes Wissen gedanklich auszuprobieren. Dazu soll eine eigene *Handlungsstrategie* entwickelt werden, mit der die geschilderte konflikthafte Interaktion vermieden oder gelöst werden kann. Das Trainingsmaterial unterstützt den Prozess der Lösungssuche, indem es eine detaillierte Interaktionsanalyse des Geschehens anbietet und daraus einige Schlüsse für Lösungsstrategien ableitet. Diese Lösungsstrategien sind absichtlich fragmentarische Anregungen, keine Rezepte. Die unendliche Variation von Interaktionssituationen erfordert flexible, nicht starre Reaktionen und Lösungen. Jedes Problem hat mehrere mögliche Lösungen. Verschiedene Alternativen auszuloten, erhöht die Erfolgschance für ein gutes Gelingen.

Schließlich wiederholt sich die eben dargestellte Abfolge, wodurch ein und dieselbe kulturelle Thematik in verschiedenen Kontexten dargestellt wird. Durch die Präsentation des allen Situationen gemeinsamen *Kulturstandards* in *multiplen Kontexten* werden diese als vielseitige und *flexible Erklärungskonstrukte* erfahrbar. So kann der Umgang mit ihnen eingeübt werden. Im Verlauf des Trainings entsteht so Verhaltenssicherheit und die Fähigkeit, das Wissen auf neue, unbekannte Situationen zu transferieren und anzuwenden.

Zum Abschluss eines Themenblocks wird zusammenfassend der Kulturstandard dargestellt, wobei vor allem auf die *kulturhistorische Verankerung* eingegangen wird. Eine umfassende Beschreibung des Kulturstandards ergibt sich jedoch erst aus der Zusammenschau dieser mit den in den vorgeschalteten Situationsschilderungen und ihren nachfolgenden Erläuterungen enthaltenen kulturtypischen Merkmalen. Kulturstandards als Regeln oder starre Muster auszuformulieren hieße, ihrem wirklichen Status zuwiderzuhandeln. Kulturstandards »leben« im Handeln der Menschen und können nur durch dieses begreifbar werden.

Die Erläuterung des Kulturstandards steht jeweils am Ende eines Themenblocks, um den Leser in seiner Suche nach Verständ-

nis selbst aktiv werden zu lassen, seinen eigenen Spürsinn zu entwickeln und sich die entsprechenden deutschen Kulturstandards
bewusst zu machen.

Die eigentliche Arbeit im Prozess des interkulturellen Lernens
geschieht aber erst in Tschechien. Das Training soll die dazu er-
forderliche Ausrüstung bereitstellen. Es ist so aufgebaut, dass optimale Lernstrategien zur Bewältigung der kommenden Aufgaben im Beruf und im Alltag verfügbar sind.

■ Hinweise für das Verständnis und die Bearbeitung des Trainingsmaterials

In der schriftlichen Form ist das Trainingsmaterial als Mittel zum
Selbststudium gedacht. Sie können sich anhand der Texte auf die
tschechische Kultur und den Umgang mit ihr vorbereiten. Sie
sollten so in der Lage sein, das Verhalten Ihrer tschechischen Partner besser zu verstehen.

Ein solches Buch ersetzt aber kein auf Tschechien bezogenes
Gruppentraining. Wesentliches Merkmal interkulturellen Lernens ist das Er- und Umlernen sozialer Fähigkeiten. Dies geschieht am effektivsten in der Gruppe in Form von Übungen und
in der konkreten Auseinandersetzung mit anderen Personen. Wie
vielschichtig manche Situationen sind, wird einem oft erst klar,
wenn man mit anderen Personen darüber spricht und deren Meinung erfährt. Ein Gruppentraining ist auch der geeignete Weg,
mehr über die eigenen kulturellen Selbstverständlichkeiten, das
deutsche kulturspezifische Orientierungssystem, zu erfahren.
Wer kein vorbereitendes Gruppentraining verfügbar hat, kann
zusammen mit Freunden und Bekannten das vorliegende Trainingsmaterial bearbeiten und diskutieren, um die Sinne für das
Fremde, aber auch das Eigene zu schärfen. Darüber hinaus kann
das hier vorliegende Trainingsmaterial als zentraler, verhaltens-
orientierter Trainingsbaustein in landeskundlichen und fachspe-
zifischen Orientierungsseminaren eingesetzt werden.

Durch die Fokussierung auf konflikthafte Interaktionen kann
beim Leser der Eindruck entstehen, Tschechien sei ein äußerst

problematisches Land. Vor dieser Schlussfolgerung soll hier ausdrücklich gewarnt werden. Interkulturelles Lernen ist ein schwieriger Prozess, egal auf welche Kultur Sie sich vorbereiten. Ein Lernmedium wie dieses kann jedoch unmöglich alles Wissenswerte über ein Land, seine Menschen und Kultur vermitteln; es ist gezwungen zu vereinfachen und sich auf einzelne Bereiche zu konzentrieren. Deshalb stehen die problematischen Seiten im Vordergrund, die schönen sollten Sie selbst entdecken. Es soll an dieser Stelle noch einmal betont werden, dass dieses Trainingsmaterial kein Kompendium tschechischer Verhaltensweisen darstellt. Vielmehr geht es darum zu sensibilisieren und Verständnis, Respekt und Wertschätzung für die andere Kultur zu wecken.

Nehmen Sie sich Zeit für die Bearbeitung des Materials. Versuchen Sie nicht, alles an einem Stück zu bearbeiten. Lassen Sie Gelerntes sich setzen, wälzen Sie es noch einmal in Gedanken und versuchen Sie, dem Neuen, Unbekannten seinen Reiz zu entlocken, das Positive am vordergründig schwierig Erscheinenden zu entdecken. Wer gelernt hat, mit Verhaltensunterschieden kulturadäquat umzugehen, der weiß, wie sich kulturbedingte Missverständnisse erklären lassen; wer Fremdartiges nicht als Bedrohung und Belastung erfährt und ihm deshalb nicht mit Ablehnung und Abwehr begegnen muss, sondern ihm Neugier und Wertschätzung entgegenbringt, der geht mit mehr Sicherheit, Mut und freudiger Gespanntheit.

Dazu wünschen wir viel Erfolg!

■ Themenbereich 1:
Personorientierung

■ Beispiel 1: Er hat's doch nicht leicht ...

■ Situation

Ein Deutscher kommt als neuer Chef einer Abteilung nach Tschechien. Gleich am ersten Tag wird er damit konfrontiert, dass in seiner Entwicklungsabteilung ein größeres, relativ weit gefächertes Problem besteht, das aber schon geraume Zeit mitgeschleppt wird. Das erkennt er in dem Meeting, in dem er mit seinen tschechischen Mitarbeitern sitzt, und bittet den Protokollanten dieses Problem ins Protokoll aufzunehmen. Der windet sich: Das gehe nicht, nicht in der Formulierung, das würde Herrn X und Herrn Y betreffen und treffen. Und er nennt viele Argumente, warum das nicht ins Protokoll aufgenommen werden könne. Der Deutsche kontert: »Aber das ist ein ernsthaftes Problem. Das müssen wir angehen, das können wir nicht ignorieren. Das löst sich nicht von selbst.« Beide Seiten debattieren eine Weile – ohne Erfolg.

Der Deutsche spürt, dass er irgendeine sensible Stelle berührt hat, und zwingt daher den Protokollanten nicht, sondern lässt sich nach dem Meeting nochmals erläutern, wo die Schwierigkeit mit dem Protokoll lag. Ja, erfährt er, die Sache betreffe eben vor allem Herrn X – auch Herrn Y – und vor allem an Herrn X hingen sowieso schon so viele Probleme und Aufgaben. Er habe es wirklich nicht leicht und wenn man ihm dann das auch noch aufbürden würde ...

Der Deutsche geht an seinen Schreibtisch und ruft Herrn X und Herrn Y an und sagt ihnen, man habe gerade das Problem besprochen. Dass es wirklich anzupacken sei und damit das auch nach und nach passiert, lasse er dieses Problem ins Protokoll aufnehmen. Dieser Umstand allein sei nichts gegen die beiden und in keiner Weise ein Vorwurf oder eine weitere Last. Er wisse jetzt noch nicht, wie das Problem zu lösen sei, aber er werde sich allein, mit ihnen und mit anderen eine Lösung überlegen. Er bat die beiden um einen Formulierungsvorschlag für das Protokoll, mit dem sie leben könnten und der klar machen würde, dass Energie und Ressourcen dafür erforderlich seien. Es gab eine Formulierung, es gab keine Stimmungstrübung, das Problem konnte angegangen werden.

Wie ist das Verhalten der Tschechen zu erklären und worin bestand der Erfolg im Vorgehen des Deutschen?

- Lesen Sie nun die Antwortalternativen nacheinander durch.
- Bestimmen Sie den Erklärungswert jeder Antwortalternative für die gegebene Situation und kreuzen Sie ihn auf der darunter befindlichen Skala entsprechend an. Es ist möglich, dass mehrere Antwortalternativen den gleichen Erklärungswert besitzen.

■ Deutungen

a) Die tschechischen Mitarbeiter waren zunächst einmal eine eingeschworene Truppe, denen es bislang gelungen ist, sich um die Ansprüche der Deutschen herumzulavieren nach dem Motto: Das geht schon lange so, das wird auch weiterhin so gehen. Der neue deutsche Chef war zu penetrant, als dass sie dieses Spiel hätten weiterspielen können.

| sehr | eher | eher nicht | nicht |
| zutreffend | zutreffend | zutreffend | zutreffend |

b) Die Tschechen hatten überhaupt nichts dagegen, dass das Problem angepackt wird, der Protokollant wollte lediglich die beiden Kollegen schützen und sie vor einer zu großen Last bewahren. Deshalb musste der Deutsche andere Wege finden.

| sehr | eher | eher nicht | nicht |
| zutreffend | zutreffend | zutreffend | zutreffend |

c) Der Protokollant hatte Angst, dass ihn die beiden tschechischen Mitarbeiter zur Rechenschaft ziehen: Er ist als Protokollant dafür verantwortlich, dass keine Unannehmlichkeiten entstehen. Den Widerstand spürte der Deutsche deutlich und ließ im Meeting diesen Punkt offen.

sehr zutreffend   eher zutreffend   eher nicht zutreffend   nicht zutreffend

d) Das Problem war für Herrn X und Herrn Y wirklich schwerwiegend und seine Behebung belastend, aber die beiden tschechischen Mitarbeiter fühlten sich von diesem Chef ernst genommen, denn der Deutsche bemühte sich, eine auf sie zugeschnittene Lösung zu finden.

sehr zutreffend   eher zutreffend   eher nicht zutreffend   nicht zutreffend

– Versuchen Sie, Ihre Einstufung jeder Antwortalternative zu begründen. Halten Sie die Begründung in schriftlicher Form stichpunktartig fest.
– Lesen Sie nun die Erläuterungen zu jeder Antwortalternative durch und vergleichen diese mit Ihren eigenen Begründungen.

■ **Bedeutungen**

Erläuterung zu a):
Diese Aussage enthält vermutlich ein Körnchen Wahrheit, denn das Problem wurde ja schon lange mitgeschleppt. Generell gilt: Immer wieder betrachten Tschechen im Vergleich mit Deutschen viele Probleme als weniger tragisch. In ihren Augen »lavieren« sie dann nicht, sondern ersparen sich schlichtweg so manche übertriebene Sorge (»deutsches Theater«). Dass der Deutsche nicht locker ließ, war jedoch nicht der entscheidende Beitrag zur Lösung der Situation. Der Kernpunkt ist, wie er das tat.

Erläuterung zu b):

Das stimmt sicher, sonst hätte sich nicht eine alle zufrieden stellende Lösung gefunden. Wichtig ist dabei aber Folgendes: Tschechen vergessen bei keiner inhaltlichen Fragestellung die Personen, die davon betroffen sind. Wenn nun eine Sache für die beteiligten Menschen unangenehm wird, dann wird die sachliche Fragestellung hintenangestellt, und es wird nach einer Lösung gesucht, die für die Beteiligten die einfachere, leichtere, schonungsvollere ist. Dass diese Haltung auf Kosten von Qualität oder Effektivität gehen kann, nehmen Tschechen dafür in Kauf. Denn sie sind überzeugt: In einer angespannten Atmosphäre lässt sich nicht gut arbeiten, und die sachlichen Ergebnisse werden die Störungen auf der menschlichen Ebene widerspiegeln. Es musste also in dieser Situation ein Weg gefunden werden, der Sache und Personen berücksichtigt. Das war das eigentliche Motiv des Protokollanten, vermutlich war für ihn und die anderen Teilnehmern im Meeting die sachliche Notwendigkeit durchaus nachvollziehbar.

Erläuterung zu c):

Auch diese Antwort trifft zu. Weil Tschechen, wenn sie sich gut verstehen und zusammenarbeiten, ausgesprochen rücksichtsvoll miteinander umgehen, erwarten sie auch, dass ein Kollege für einen anderen »mitdenkt«, er also bei inhaltlichen Gesprächen und Vereinbarungen nicht vergisst, was das für die beteiligten Personen jeweils bedeutet. Der Protokollant möchte also auf keinen Fall derjenige sein, der anderen Schwierigkeiten macht und sich damit Vorwürfe und Antipathien einheimst, wenn es kein Entrinnen gibt: »Der hätte das anders formulieren sollen« würde dann der Vorwurf lauten.

Die nicht hoch genug anzusetzende Leistung des Deutschen bestand darin, dass er den (passiven) Widerstand des tschechischen Protokollanten wahrgenommen und sich deshalb in seiner gewohnten inhaltlichen Zielstrebigkeit gebremst hat. Er hielt es aus, die Sitzung mit einem ungeklärten Punkt zu verlassen.

Erläuterung zu d):

Diese Antwort trifft den Kern dieser Erfolgsgeschichte. Dem

Deutschen gelang es, eine individuelle, auf die Situation aller Betroffenen maßgeschneiderte Lösung zu finden. Dazu war es (1) unabdingbar, mit Herrn X und Herrn Y zu sprechen und ihre Perspektive kennen zu lernen; dazu war es aber auch unerlässlich, dass er (2) sich als Deutscher selbst erklärte, weshalb er hier auf eine Lösung drängt (z. B. um ein Budget zu bekommen). Nur dann sind die Standpunkte aller nachvollziehbar, nur dann kann man sich aufeinander zu bewegen und eine Lösung finden, die niemandem zum Schaden gereicht. Im Meeting wäre das nicht möglich gewesen, da Herr X und Herr Y nicht anwesend waren und weil ein derartiges Gremium oft nicht der Ort ist, an dem man solche, oft recht persönlich gefärbte Anschauungen offen legt. Vier-Augen-Gespräche wirken an dieser Stelle nicht nur sehr erleichternd, sondern sind meist unabdingbar. Das Besondere im Vorgehen des Deutschen liegt darin, dass er eine die Personen voll berücksichtigende Lösung gefunden und nicht nur die Sache im Auge behalten hat.

■ Beispiel 2: Erfolgreiche Zusammenarbeit

■ Situation

Eine deutsche Firma im bayerisch-tschechischen Grenzland hat in Pilsen ein Werk errichtet, in dem Kabel für die Automobilindustrie hergestellt werden. Die Produktion wurde dort exakt genauso aufgebaut wie in Deutschland. Dazu kamen viele Deutsche in die Tschechische Republik, die tagtäglich den Tschechen gezeigt haben, wie jeder einzelne Arbeitsschritt zu vollziehen sei. An jedem Arbeitsplatz gab es einen deutschen »Partner«, der seinen tschechischen Kollegen anlernte und der vom jeweiligen tschechischen Mitarbeiter selbst ausgewählt wurde. Auch als die »Partner« wieder zurück in Deutschland waren, konnten die Tschechen bei jeder Frage oder jedem Problem diesen »Partner« zu Rate ziehen. Entweder klärte sich die Sache am Telefon oder der Deutsche fuhr für einen oder mehrere Tage dort hin und half vor Ort. Die Tschechen fragten ihre deutschen Partner nicht nur, wenn sie etwas nicht verstanden, sondern auch, wenn sie nicht einsahen, warum etwas so sein sollte. Die Deutschen erklärten das dann im Detail.

Die Zusammenarbeit zwischen dem deutschen und dem tschechischen Werk ist inzwischen sehr erfolgreich. Das tschechische Werk hat sogar eine bessere Qualität in der Produktion erreicht als das deutsche Werk und wird vom Kunden hoch geschätzt, was auch beiden Werken so auch kommuniziert wird.

Worauf beruht der Erfolg dieses Modells?

■ Deutungen

a) Der Erfolg ist auf die Gründlichkeit der Deutschen zurückzuführen, alles genau und sehr detailliert zu erklären.

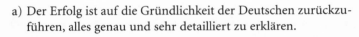

| sehr zutreffend | eher zutreffend | eher nicht zutreffend | nicht zutreffend |

b) Die Kontrolle der Deutschen ist aufgrund des Partnermodells perfekt, sie haben die Tschechen fest im Griff: Die Tschechen können nicht anders, sobald einer von ihnen nachlassen würde, stünde sein »Partner« schon korrigierend neben ihm.

| sehr zutreffend | eher zutreffend | eher nicht zutreffend | nicht zutreffend |

c) Die Tschechen sind beeindruckt, mit welchem personellen und zeitlichen Aufwand ihnen die Deutschen begegnen. Das »ehrt« sie gewissermaßen und das motiviert sie, für und mit diesen Kollegen zu arbeiten.

| sehr zutreffend | eher zutreffend | eher nicht zutreffend | nicht zutreffend |

d) Es scheint nur so, als würden die Tschechen aufgrund von Einsicht handeln. In Wirklichkeit spielten sie zunächst (a) notgedrungenermaßen mit, sahen (b) dann, dass die Vorgehensweisen funktionierten, und machen jetzt (c) um des lieben Friedens willen einfach mit.

| sehr | eher | eher nicht | nicht |
| zutreffend | zutreffend | zutreffend | zutreffend |

- Versuchen Sie, Ihre Einstufung jeder Antwortalternative zu begründen. Halten Sie die Begründung in schriftlicher Form stichpunktartig fest.
- Lesen Sie nun die Erläuterungen zu jeder Antwortalternative durch und vergleichen diese mit Ihren eigenen Begründungen.

■ **Bedeutungen**

Erläuterung zu a):
Das ist die Erklärung, die die meisten Deutschen für die richtige halten. Sie trifft aber nur den sachlichen Teilaspekt der Situation: Die Tschechen lernten zweifelsohne, was sie wie tun sollten. Dieser Aspekt trägt aber nichts zur Erklärung bei, warum die Tschechen auch motiviert waren, die Verfahren tatsächlich zu übernehmen.

Erläuterung zu b):
Diese Antwort stimmt bis zu einem gewissen Grad. Der Spielraum für die Tschechen war tatsächlich nicht groß. Doch es muss der Funke übergesprungen sein und die Tschechen müssen wirklich motiviert worden sein, sonst wäre nicht zu erklären, wieso die Produkte aus dem tschechischen Werk jetzt eine höhere Qualität haben als die deutschen.

Erläuterung zu c):
Diese Antwort trifft voll und ganz zu. Durch den Aufwand, den die Deutschen trieben, wurde nicht nur die inhaltliche Botschaft vermittelt, was mit welchen Verfahren erreicht werden soll, sondern es wurde den Tschechen eine hohe Wertschätzung vermittelt: Seht her, wir zeigen euch das mal. Wir wollen, dass ihr das

wirklich lernt und dass ihr richtig gut werdet. Wir kommen dazu gern zu euch und bleiben auch bei euch. Und ihr dürft uns jederzeit unterbrechen, wenn ihr Fragen habt. Unsere Aufgabe ist es in erster Linie, euch zu unterstützen. – Es war das Interesse, die Aufmerksamkeit, das Zuhören, das den tschechischen Angestellten zuteil wurde, ob sie nun Ingenieure oder Angelernte waren. Sie sahen nicht nur die Technik und die Produktionsprozesse, sondern sich selbst (als Personen!) im Mittelpunkt der Bemühungen der Deutschen. Und: Die Tschechen erhielten auch das ihnen zustehende Feedback: Ihr habt wirklich ein »goldenes Händchen«. Eure Qualität ist besser! Das freut und baut auf.

Erläuterung zu d):
Diese Erklärung könnte auf ähnlich gelagerte Fälle, in denen die menschliche Basis der Kooperation nicht so breit ist, zutreffen. Dann würden die Tschechen gegenüber den Deutschen mehr oder weniger wie gewünscht »funktionieren«, informell beim Bier aber zueinander sagen, wie komisch die Deutschen doch sind, was sie sich doch so alles einbilden, und sie würden über die Deutschen lästern, Witze machen und ein bisschen schimpfen. In einem solchen Fall wäre aber die Qualität der Produktion nicht so gut! Dann würden die Tschechen nicht ihrerseits die Deutschen ansprechen und fragen! Dann würden sie eindeutig weniger engagiert sein!

■ Kulturelle Verankerung von »Personorientierung«

Der Schlüssel, weswegen die angeführten Beispiele echte deutschtschechische Erfolgsstorys sind, ist die Wahrnehmung, Betonung und Pflege der Beziehungsebene zwischen den Akteuren, weil die »Personorientierung« ein bedeutsamer tschechischer Kulturstandard ist.

Der Kulturstandard »Personorientierung« beschreibt die Tatsache, dass Tschechen in der Interaktion und Kommunikation dem Beziehungsaspekt den Vorrang vor dem Sachaspekt einräumen,

Tschechen stets die jeweils Agierenden stärker und bedeutsamer wahrnehmen als den Inhalt ihres Tuns. Die Sachebene rangiert daher in jeder Interaktion erst an der zweiten Stelle, an erster Stelle stehen die beteiligten Personen. Dieses Orientierungsmuster steht in krassem Gegensatz zur deutschen »Sachorientierung«, bei der die umgekehrte Priorität gilt und die ganz besonders das Berufsleben dominiert (Schroll-Machl u. Nový 2003; Schroll-Machl 2002).

Das bedeutet im Einzelnen: Tschechen suchen bei allen beruflichen Begegnungen nach persönlichen Ansatzpunkten. Sie werden deshalb von vielen Deutschen bei bestehendem Kontakt als ausgesprochen nett erlebt. Sie bemühen sich bei jeder Interaktion, eine menschlich möglichst angenehme Atmosphäre herzustellen – das tut beiden Partner gut. Sie sind freundlich, anteilnehmend, zuvorkommend, herzlich, gastfreundlich. Dabei investieren sie in die Beziehungsebene vorsätzlich und aufmerksam. Einmal geschaffene gute Beziehungen will man sich dann erhalten und man pflegt sie.

Jeder Kooperationspartner hat sich als Person (nicht nur in seiner Funktion!) zu erkennen zu geben. Man will und sucht »menschliche« Anknüpfungspunkte. Nur das kann Sympathie und damit die Bereitschaft zur gedeihlichen Zusammenarbeit wecken. Bei entspannten Gesprächen schätzen Tschechen es zu fühlen, dass ihr Gegenüber ein Mensch ist, der Gefühle und Schwächen hat. Beziehungen werden gepflegt: Tschechen sind gern in Gesellschaft, lieben Geselligkeit. Auch dem Smalltalk bei der Arbeit wird mehr Zeit gewidmet als in Deutschland. Tschechen reden und erzählen viel, wenn gegenseitige Sympathie besteht. Das ist für sie ein Ausdruck von Freundlichkeit. Sie lieben Witze, Humor, Belustigung, Unterhaltung. Wer sich dabei von sich selbst distanzieren und ironisieren kann, wirkt besonders sympathisch.

Es ist für viele normale berufliche Aufgaben (z. B. etwas von einer Firma abzuholen) Voraussetzung, dass die agierenden Personen einander kennen, miteinander bekannt gemacht oder »vermittelt« werden. Als Fremder etwas bekommen oder erreichen zu wollen, ist schwierig.

Der persönliche Kontakt und die physische Präsenz signalisieren Wichtigkeit in einem Ausmaß, das schriftliche Kommunikation oder die Übergabe von Unterlagen nie erreichen. Die Schriftform für viele Informationen oder Dokumentationen wird sogar eher abgelehnt, weil sie ausschließlich die Sache darstellt unter Ausschluss eines persönlichen Eindrucks und unmittelbarer Kontakte.

Gute Führungskräfte nehmen sich Zeit für ihre Mitarbeiter, suchen Kontakt zu ihnen, sprechen viel mit ihnen, protegieren ihre Leute. Ein Mitarbeiter ist motiviert für eine Person zu arbeiten, die er schätzt. Und diese Ebene ist von Seiten des Chefs aufzubauen. Beide Parteien lassen sich primär auf die Person des anderen ein, nicht vorrangig auf die Sache oder die Aufgabe. Überhaupt gehen im Berufsleben die Personen mehr aufeinander ein, wissen mehr voneinander und halten engere persönliche Kontakte als in Deutschland. Emotionen sind in Tschechien dabei wichtig, wenngleich sie keinesfalls in überschwänglicher, sondern eher in stiller Art gezeigt werden. Andererseits existieren freilich auch Ratsch und Tratsch mit allen positiven und negativen Effekten.

Die Sachebene allein beeindruckt Tschechen meist wenig. Sie akzeptieren eine Meinung beispielsweise nur, wenn sie wirklich überzeugt worden sind. Eine Expertenmeinung als solche anzuerkennen und ihr deshalb zu folgen ist unüblich. Tschechen halten nicht einfach irgendwelche Verfahren ein, sondern wollen als Person motiviert sein und bei einer Aufgabe möglichst positive Gefühle haben (Freude, Stolz, Interesse). Wenn sie von etwas beeindruckt sind, beispielsweise von der neuesten Technik, von einer tollen Technologie oder einer modernen Arbeitsmethode, dann lassen sie das nicht als Sachverhalt an sich einfach stehen, sondern »personalisieren« es sofort, begeistern und identifizieren sich damit. So verstanden nehmen sich Tschechen auch selbst als Person durchaus wichtig.

Im Gegensatz zu Deutschen bauen Tschechen über die Beziehungsebene die Basis für die Sachebene auf. Berufliche Partner beginnen miteinander zu arbeiten, richten in ihren Begegnungen aber den Fokus ihrer Aufmerksamkeit vorrangig auf den anderen als Person, definieren so ihre Beziehung zueinander und gestalten dann in Abhängigkeit von dieser Beziehungsebene ihre weitere Kooperation. Wenn diese Ebene gut ist, verstärken sie ihre Kooperation und tun unter Umständen auf der Sachebene viel füreinander. Erscheint ihnen diese Ebene nicht angenehm, dann ist auch ihr Engagement auf der Sachebene gering. Der interkulturelle Konflikt lässt sich pointiert und vereinfacht so beschreiben: »Wenn Sie gut arbeiten, dann mag ich Sie« denkt sich der deutsche Partner. »Wenn wir uns mögen, dann arbeite ich gut« ist das Leitmotiv des tschechischen Partners.

Tschechen betonen als den Vorteil ihrer »Personorientierung« die größere »Menschlichkeit« in allen beruflichen Zusammenhängen. Damit meinen sie vor allem das angenehmere Arbeitsklima, größeres Verständnis füreinander, engere soziale Beziehungen.

Ein Nachteil liegt darin, dass Tschechen sehr sensibel und empfindsam sind. Differenzen, Störungen oder Trübungen eines gewissen, je nach Situation zu definierenden »emotionalen Gleichklangs« der Beteiligten werden fein registriert. Es geht sehr schnell, jemanden zu kränken, und viele berichten von einem »Beleidigtsein« als Kehrseite der sehr geschätzten Freundlichkeit. Dieselbe Rücksicht und Feinfühligkeit, die man anderen angedeihen lässt, möchte man eben auch selbst erfahren.

Ein weiterer Nachteil ist, dass notwendige, unangenehme Beschlüsse oder Arbeiten unter Umständen nicht in Angriff genommen werden, weil in erster Linie die von diesem Beschluss oder dieser Aufgabe betroffenen Menschen (und auch die *eigenen* unangenehmen Gefühle und Verhaltenskonsequenzen) gesehen werden. Allen sollen die damit verbundenen Nachteile erspart werden. So wird zugunsten der Personorientierung immer wieder eine Suboptimalität auf der Sachebene in Kauf genommen.

Weil der Kulturstandard »Personorientierung« seitens der deutschen Akteure derart gut berücksichtigt wurde, können die in diesem Kapitel vorgestellten Beispiele als ideale Lösungen für die jeweilige Situation bezeichnet werden. Die Firma in Pilsen profitierte von den Vorteilen der Personorientierung (vermutlich ohne dass ihr das selbst vollends klar war), der deutsche Chef konnte einen drohenden Nachteil der Personorientierung durch geschicktes, ebenfalls personorientiertes, auf das Individuum abgestimmtes Verhalten abwenden.

■ Themenbereich 2: Abwertung von Strukturen und Improvisationsliebe

■ Beispiel 3: Die Scheinwerferproduktion

■ Situation

Ein deutscher Automobilzulieferer verlagerte einen Teil seiner Scheinwerferproduktion nach Tschechien. Eines Tages reist ein Qualitätssicherungsexperte des deutschen Automobilzulieferers mit einem Kunden in das tschechische Werk, damit der Kunde seine Prüfungen vornehmen kann. Der Kunde findet fleißige Menschen inmitten einer Menge Materials. Auf die Frage, für welches Unternehmen gerade gefertigt werden würde, stellt sich heraus, dass es seine Firma ist. Das elektrisiert den Kunden, weil er am Arbeitsplatz jedes Arbeiters eine Menge Scheinwerferteile für andere Automarken sieht. Er sucht sofort den deutschen Qualitätssicherungsexperten auf und stellt ihn zur Rede. Wieder einmal haben die Tschechen die Vorschrift ignoriert, vor dem Produktwechsel alle Fremdteile ins Lager zu räumen! Der tschechische Meister hört sich daraufhin die Vorwürfe des Deutschen ruhig an und verweist darauf, er habe jetzt leider Feierabend und eine andere Schicht sei zuständig. Der nächste Meister sagt zu, es werde sofort aufgeräumt. Der Qualitätssicherungsexperte muss nun den Kunden beruhigen und geht mit ihm zum Abendessen. Doch am nächsten Morgen ist alles beim Alten. Der Qualitätssicherungsexperte debattiert mit dem nun anwesenden Meister und erhält lapidar zur Antwort, Tschechen seien nicht so blöd, falsche Teile einzubauen. Man wisse doch, welche Teile in den Scheinwerfer für welche Marke gehörten! Der Kunde könne sich darauf verlassen, dass er ausschließlich einwandfreie Scheinwerfer für seine Marke erhalte. Der Meister hat nicht Recht: Die Fehlerquote in Tschechien ist dem Kunden zu hoch. Ein Scheinwerfer muss funktionieren, meint der Kunde, anderenfalls kaufe er keine in Tschechien produzierten mehr.

Warum verhielten sich die Tschechen so und wollten offensichtlich die Vorschrift, dass nur die Teile am Arbeitsplatz sich befinden, die auch für die Scheinwerfer der gerade in Produktion befindlichen Automarke verwendet werden, nicht akzeptieren?

– Lesen Sie nun die Antwortalternativen nacheinander durch.
– Bestimmen Sie den Erklärungswert jeder Antwortalternative für die gegebene Situation und kreuzen Sie ihn auf der darunter befindlichen Skala entsprechend an. Es ist möglich, dass mehrere Antwortalternativen den gleichen Erklärungswert besitzen.

■ Deutungen

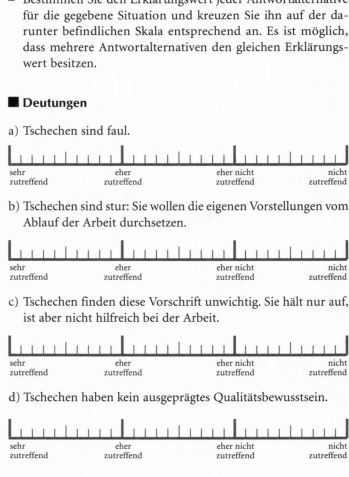

a) Tschechen sind faul.

sehr zutreffend	eher zutreffend	eher nicht zutreffend	nicht zutreffend

b) Tschechen sind stur: Sie wollen die eigenen Vorstellungen vom Ablauf der Arbeit durchsetzen.

sehr zutreffend	eher zutreffend	eher nicht zutreffend	nicht zutreffend

c) Tschechen finden diese Vorschrift unwichtig. Sie hält nur auf, ist aber nicht hilfreich bei der Arbeit.

sehr zutreffend	eher zutreffend	eher nicht zutreffend	nicht zutreffend

d) Tschechen haben kein ausgeprägtes Qualitätsbewusstsein.

sehr zutreffend	eher zutreffend	eher nicht zutreffend	nicht zutreffend

- Versuchen Sie, Ihre Einstufung jeder Antwortalternative zu begründen. Halten Sie die Begründung in schriftlicher Form stichpunktartig fest.
- Lesen Sie nun die Erläuterungen zu jeder Antwortalternative durch und vergleichen diese mit Ihren eigenen Begründungen.

■ Bedeutungen

Erläuterung zu a):
Diese Erklärung ist falsch. Tschechen sind im allgemeinen fleißige Leute. Das berichten alle, die mit ihnen zu tun haben. Und ohne Fleiß und Engagement wäre auch die wirtschaftliche Leistung des Landes nicht zu erklären. Der Aspekt, dass Tschechen sich gern in ihren Augen unnötige Arbeit vereinfachen und erleichtern, ist allerdings richtig und diese Attitüde ist weit verbreitet.

Erläuterung zu b):
Mit dieser Antwort kommen wir dem Kern des Problems sehr nahe. Die tschechischen Verantwortlichen sehen ganz offensichtlich den Sinn dieser Vorschrift nicht ein und beharren daher auf ihrer Art, die Produktion zu organisieren. Mahnungen und Kontrollen helfen da nicht, solange die Vorschrift nicht nachvollziehbar, einsehbar und somit überzeugend begründet wird. Mit den Interventionen wird auf eine typisch tschechische Art umgegangen: Man macht Zusagen nur, um Ruhe zu haben und die »Kontrolleure« nicht zu provozieren. Aber man hat nicht die Absicht, die Anweisungen zu befolgen (vgl. auch Themenbereich 7: Konfliktvermeidung). – Um den Tiefgang des tschechischen Erlebens zu verstehen, ist aber noch ein weiterer Aspekt heranzuziehen.

Erläuterung zu c):
Diese Antwort trifft den Nagel auf den Kopf: Solche Vorschriften halten die tschechischen Mitarbeiter für reine Bürokratie, für absolut nutzlos und unnötig kompliziert. Die Deutschen, die derartige Vorschriften erlassen, halten sie für pedantisch und dieje-

nigen, die sie einfordern, für lästig und beleidigend. Dahinter steckt die alte Erfahrung, dass viele (fremde) Herrschaftssysteme (Habsburger Absolutismus wie Kommunismus) oft willkürliche, inhaltlich nicht zu rechtfertigende Vorschriften, Gesetze, Regelungen erließen. Sie entbehrten der sachlichen Sinnhaftigkeit und als normaler Bürger gewöhnte man sich daher an, Vorschriften grundsätzlich anzuzweifeln und sie energieschonend nicht ernst zu nehmen. Zudem engten diese Vorschriften die Handlungsfreiheit nicht nur faktisch, sondern auch gefühlsmäßig ein, denn ihre Intention bestand oft tatsächlich darin, die Machtverhältnisse klar zu stellen und insofern stellten sie auch ein Symbol der Herrschaft dar. Das Nichtbeachten der Vorschrift ist innerlich quasi ein Akt der Rebellion gegen eine vermeintliche Demütigung der eigenen Person, im äußeren, nicht genauer reflektierten Tun dient sie einfach dazu, sich das Leben zu erleichtern. Der innere Kern jedoch erklärt die Dauerhaftigkeit des Widerstands.

Erläuterung zu d):
Tschechen halten sich selbst für Menschen mit »goldenen Händen«, die handwerklich und technisch sehr geschickt sind. Insofern sind sie stolz, wenn sie qualitativ gute Arbeit abliefern. Aber die zu erzielende sachliche Qualität darf nicht auf Kosten der involvierten Menschen gehen, lieber machen sie sachlich-qualitative Abstriche (vgl. Themenbereich 1: Personorientierung). Diese Erklärung ist also nur teilweise richtig.

– Beantworten Sie für sich folgende Frage: Wie würden Sie sich in einer vergleichbaren Situation verhalten?
– Halten Sie Ihre Überlegungen stichpunktartig in schriftlicher Form fest.

■ Lösungsstrategie

Um die tschechischen Mitarbeiter von ihrer Abwehrhaltung abzubringen, müsste auf mehreren Ebenen interveniert werden: Sachlich müsste in kleinen Schritten nachvollziehbar erläutert werden, dass ein Zusammenhang zwischen der erwähnten Regel und der Qualität der Produkte besteht, und wie dieser aussieht (z. B. unter Darlegung ähnlicher Erfahrungen in der deutschen Produktion). Nur wenn dieser Zusammenhang den tschechischen Führungskräften wirklich klar ist, werden sie diese Vorschrift nicht als zeitraubende Schikane empfinden und sie ihren tschechischen Mitarbeitern weiterleiten. Diese »Überzeugungsarbeit« ist nicht durch einen einmaligen Vortrag zu leisten, sondern durch Darlegung der Kundenansprüche und -kriterien – Mitbringen der Reklamationsschreiben und Analysen des Kunden sowie durch Hinweise, Erklärungen, Aufzeigen von Fehlerwegen –, wenn und wie sie durch konkrete Situationen und Vorfälle angeregt werden. Nur dann beginnt ein »tschechischer Skeptiker« dem deutschen Qualitätssicherungsexperten allmählich zu glauben. Diese Intervention bezieht sich unmittelbar auf den Kulturstandard »Abwertung von Strukturen und Improvisationsliebe«.

Die Kooperation mit Tschechen ist darüber hinaus auf der Beziehungsebene angenehm zu gestalten und hat somit auch den tschechischen Kulturstandard »Personorientierung« zu berücksichtigen (vgl. Themenbereich 1). Statt mit Befehlsstrukturen, »kalten« Fehleranalysen, Vorwürfen und anderen autoritär empfundenen Kommunikationsmustern zu arbeiten, sind die sachlichen Erfordernisse in um Verständnis und Unterstützung werbende Gespräche einzubauen und sozusagen zu personalisieren: Dieser Fehler verursachte dem deutschen Kollegen jene Schwierigkeit, diese Fehlerquote führte beim Kunden zu jener Reaktion und so weiter. Es muss sozusagen um Verständnis für die deutsche Position gebeten werden: Die Firma und die konkreten deutschen Verantwortlichen haben mit dem Kunden wirkliche Probleme, wenn die Tschechen nicht mit ihnen kooperieren. Es ist wirklich so: Zahlen, harte Fakten unterstützen lediglich die Argumentation auf der sachlichen Ebene, sie sind aber nicht das ausschlaggebende Argument.

Die optimale Zusammenarbeit bestünde darin, die tschechischen Kollegen zumindest partiell einen »dritten Weg« finden zu lassen: Die Zielkriterien sind von beiden Seiten akzeptiert und nun »dürfen« die Tschechen ihre Improvisationsliebe und Findigkeit »ganz offiziell« dazu nutzen, ein Verfahren zu installieren, das die Erreichung der Ziele sicherstellt, aber ihnen in der Gestaltung Freiraum lässt.

■ Beispiel 4: Der Direktor für Handel

■ Situation

Eine deutsche Firma hat eine tschechische gekauft. Es wird sofort ein Projektteam benannt, das eine neue Strategie für ein Distributionsnetz erstellen soll. Der deutsche Vorstand bittet den tschechischen Chef des Teams, den bisherigen Direktor für Handel, um die Nennung eines Termins, wann das Team mit der Erarbeitung der Strategie fertig sei und wann es die Ergebnisse dem deutschen Vorstand und einigen deutschen Mitarbeitern präsentieren könne. Eine Woche später bekommen die Deutschen einen Termin für die Präsentation genannt.

Das tschechische Team führt etliche professionelle Analysen durch und arbeitet fleißig. In der Woche vor der Präsentation erhält eines der Teammitglieder zufällig Informationen über eine ähnliche Strategie eines Konkurrenten. Sofort setzt sich das tschechische Team zusammen, diskutiert diese Ideen und kommt zu dem Schluss, eine Überarbeitung der bisherigen Überlegungen sei nötig. Doch damit ist der Termin für die Präsentation vor den Deutschen nicht mehr zu schaffen. Das Team entscheidet deshalb, die Präsentation um eine Woche zu verschieben.

Inzwischen sind es nur noch drei Tage bis zum Präsentationstermin. Dem tschechischen »Direktor für Handel« ist gar nicht wohl in seiner Haut: Wie soll er den Deutschen die Terminverschiebung erklären? Am Vortag des Präsentationstermins schreibt er ein Fax nach Deutschland: Die Präsentation müsse leider um eine Woche verschoben werden, weil er, der Direktor, eine wichtige Auslandsdienstreise antreten müsse. Er denkt sich, als er das Fax nochmals liest, das sei ein wirklich logischer und neutraler Grund, und das sei weniger kompliziert, als dem Vorstand zu erklären, man habe Unterlagen der Konkurrenz gesehen. Vielleicht missfalle das dem Vorstand sehr, weil er einen solchen Grund gar als unethisch betrachte?

Die deutsche Seite antwortet mit einen unüberhörbar vorwurfsvollen Ton: Diese kurzfristige Verschiebung verursache eine Menge Probleme. Aber man komme dann eben eine Woche später. Nun findet der Termin statt. Der deutsche Vorstand kommt mit zwei Mitarbeitern. Die Sekretärin begleitet ihn in das Besprechungszimmer. Nach 20 Minuten Verspätung kommt der tschechische Direktor an und entschuldigt sich: Seine Frau sei heute krank, also habe er die Kinder in den Kindergarten bringen müssen und dann habe er noch unglücklicherweise im Stau gestanden. Bevor er mit der Präsentation beginnt, bittet er um Verständnis für weitere 10 Minuten Verzögerung, denn er müsse seiner Assistentin noch die Aufgaben für den Tag geben, da er damit rechne, dass sich die Präsentation und die Diskussion bis in den Nachmittag ziehen würde. Außerdem möchte er sich gleich noch dafür entschuldigen, dass der Overheadprojektor gestern kaputt gegangen und zur Reparatur sei. Er tröstet den deutschen Vorstand, dass das aber unerheblich sei, weil er die Präsentation auch in Papierform vorbereitet habe. Dem deutschen Vorstand ist das zu viel. Er kontert: Diese Vorbereitung sei absolut unprofessionell! Zuerst gab es die Terminverschiebung, dann habe die Veranstaltung schon zu spät begonnen, zu guter Letzt sei auch die Technik nicht in Ordnung! In keinem Fall werde er eine weitere Verzögerung von 10 Minuten akzeptieren!

Die Präsentation findet also statt. Währenddessen kommt die Assistentin einige Mal in das Besprechungszimmer, sie brauche vom Herrn Direktor sofort Antwort auf eine Kundenanfrage. Nach mehreren derartigen Unterbrechungen sagt der deutsche Vorstand zu ihr: »Bitte verlassen Sie jetzt ein für alle Mal diesen Raum!« Nachdem der Tscheche die Präsentation beendet hat, teilt ihm der deutsche Vorstand mit, ihm sei wegen gravierender Organisationsschwäche mit sofortiger Wirkung gekündigt.

Der Deutsche ist immer noch fassungslos: Was denkt sich wohl dieser tschechische Direktor? Was lässt ihn sich so verhalten?

– Lesen Sie nun die Antwortalternativen nacheinander durch.
– Bestimmen Sie den Erklärungswert jeder Antwortalternative für die gegebene Situation und kreuzen Sie ihn auf der darunter befindlichen Skala entsprechend an. Es ist möglich,

dass mehrere Antwortalternativen den gleichen Erklärungswert besitzen.

■ Deutungen

a) Tschechen nehmen ihren Job nicht ernst. Sie nehmen ihn auf
die leichte Schulter.

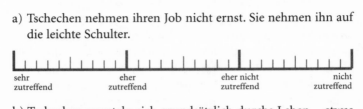

| sehr | eher | eher nicht | nicht |
| zutreffend | zutreffend | zutreffend | zutreffend |

b) Tschechen wursteln sich grundsätzlich durchs Leben – etwas
schlampig und in mancherlei Hinsicht unprofessionell.

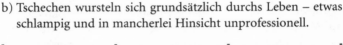

| sehr | eher | eher nicht | nicht |
| zutreffend | zutreffend | zutreffend | zutreffend |

c) Der tschechische Direktor wurde das Opfer der eigenen positiven Absichten.

| sehr | eher | eher nicht | nicht |
| zutreffend | zutreffend | zutreffend | zutreffend |

d) Der tschechische Direktor hatte einfach Pech. Die ganze Geschichte ist dumm gelaufen.

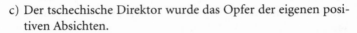

| sehr | eher | eher nicht | nicht |
| zutreffend | zutreffend | zutreffend | zutreffend |

– Versuchen Sie, Ihre Einstufung jeder Antwortalternative zu
begründen. Halten Sie die Begründung in schriftlicher Form
stichpunktartig fest.
– Lesen Sie nun die Erläuterungen zu jeder Antwortalternative
durch und vergleichen diese mit Ihren eigenen Begründungen.

■ Bedeutungen

Erläuterung zu a):
Diese Antwort ist falsch. Der tschechische Direktor nahm seinen Job sehr ernst: Er wollte die bestmögliche Präsentation halten, deswegen musste der Termin verschoben werden. Er wollte auf Nummer sicher gehen, daher bot er den Deutschen die in seinen Augen tadelloseste Ausrede an, die ihm einfiel. Er wollte das Tagesgeschäft nicht vernachlässigen, also wollte er noch mit seiner Sekretärin die Aufgaben des Tages besprechen. Er hatte die Präsentationsunterlagen nicht nur auf Folien, sondern auch auf Papier vorbereitet. Wenn er der Sekretärin nun dringende Fragen beantwortete, die diese wegen Kunden an ihn richtete (er hat schließlich mit Kunden zu tun!), dann demonstrierte er doch damit den Deutschen augenfälligst die erwartete Kundenorientierung. Und dass seine Frau an diesem Tag krank wurde, dafür konnte er wirklich nichts.

Erläuterung zu b):
In dieser Begründung steckt ein Körnchen Wahrheit, auch wenn sie als abwertendes Vorurteil formuliert ist. Für Tschechen ist nämlich das Ziel, das sie verfolgen, immer wichtiger als die Details der Zielerreichung. Der Weg zum Ziel richtet sich nach den vorhandenen Umständen und ist in ihren Augen nicht als Kriterium für die Beurteilung eines Ergebnisses heranzuziehen. Unser Direktor fühlt sich massiv ungerecht behandelt, wenn eine vermeintliche »Organisationsschwäche« zu seiner Kündigung führt, statt dass der Vorstand seine Präsentation inhaltlich beurteilt. Hier hatte wohl sogar der Deutsche nichts auszusetzen, sonst hätte er es sicher ebenfalls gesagt!

Erläuterung zu c):
Diese Aussage trifft exakt das tschechische Empfinden in dieser Situation: Der Direktor hat unter seinen Bedingungen das Beste aus der Situation gemacht. Diese Bedingungen waren widrig, aber er ließ sich für jede auftauchende Schwierigkeit eine Lösung einfallen. Er reagierte jeweils gelassen und dadurch wendete er in seinen Augen alles zum Guten. Eigentlich hat der Direktor da-

durch die Situation sogar gerettet! Hinter diesem Empfinden steckt eine zutiefst tschechische Attitüde: Tschechen leben sehr oft »reaktiv« und nicht »(pro-)aktiv« in dem Sinn, dass sie die Dinge auf sich zukommen lassen und dann darauf reagieren. Das tun sie wendig, flexibel und mit viel Improvisationsgeschick. Dass sie aber auch die Bedingungen beeinflussen könnten, nehmen sie oft nicht wahr. In unserer Geschichte hätte das bedeutet: Bitte um Verschiebung des Termins wegen neuer Erkenntnisse, Organisation einer Hilfe für die Familie, Check der Technik vorab, Besprechung mit der Sekretärin zu einem früheren Zeitpunkt. Dass genau die »Planung« das ausschlaggebende Element der Beurteilung durch die Deutschen ist, wird dem tschechischen Direktor zum Verhängnis.

Erläuterung zu d):

Diese Erklärung stimmt aus tschechischer Sicht auch zum Teil. Ja, die Umstände waren widrig. Es kam zu viel zusammen! Aber das Verhalten des Deutschen ist ignorant! Der Deutsche sieht den Wald vor lauter Bäumen nicht, denn er hängt sich an unwichtigen Details auf und verliert das Ziel der Präsentation vollkommen aus den Augen. Sein Verhalten ist das größte Pech!

– Beantworten Sie für sich folgende Frage: Wie würden Sie sich in einer vergleichbaren Situation verhalten?
– Halten Sie Ihre Überlegungen stichpunktartig in schriftlicher Form fest.

■ Lösungsstrategie

Das ist eine Geschichte, wie sie Leuten passieren kann, die keine Ahnung haben von Kulturunterschieden zwischen Deutschen und Tschechen und die völlig unerfahren aufeinander treffen. Beide Seiten verhielten sich geradezu prototypisch. Was wäre in einem solchen Fall dem Deutschen zu raten, der in Tschechien beruflich absolutes Neuland betritt?

Er sollte zu Beginn der Zusammenarbeit mit seinem tschechischen Kollegen offen und freundlich einige Prinzipien erklären, wie er sich die Zusammenarbeit vorstellt, und seinen tschechischen Kollegen ebenfalls darum bitten, ihm seine Vorstellungen zu sagen. Auf diese Weise können sich die beiden auf etliche Dinge einigen, die ihnen wichtig sind. Das würde manche Überraschungen vermeiden.

Generell ist es ein guter Stil, das Gemeinsame an den Vorhaben zu betonen und dabei auch zu unterstreichen, dass und inwiefern dieses Vorhaben dem Deutschen wichtig ist. Nur einige Prioritäten oder eine Reihenfolge von Aktivitäten zu formulieren, ist zu wenig! Auf Gespräche kommt es ganz entscheidend an, wegen der Schaffung einer Beziehungsebene, aber auch zur Klärung der Vorstellungen auf der Sachebene!

Ausschlaggebend für die gesamte weitere Kooperation ist es, die tschechische Skepsis am guten Willen der deutschen Seite auszuräumen. Das geht nur, wenn eine wirklich offene Atmosphäre geschaffen wird, in der nach und nach Vertrauen wachsen kann. Und dieser Prozess dauert lange.

Verhält sich die tschechische Seite tatsächlich auf eine Weise, die der Deutsche als »unprofessionell« bezeichnet und die er beispielsweise wegen der Beziehung zu (deutschen) Kunden »verbessert« sehen möchte, dann ist es am besten, die konkreten Verhaltensweisen freundlich, als gut gemeinten Hinweis, ganz offen anzusprechen und zu sagen, was wie interpretiert wird.

Sämtliche hier aufgelisteten Ratschläge liegen auf zwei Linien: (1) Eine Beziehung zwischen den Personen muss aufgebaut werden (vgl. Themenbereich 1: Personorientierung); genau dadurch und nur dadurch kann (2) allmählich das Misstrauen und die Skepsis der Tschechen abgebaut werden.

■ Kulturelle Verankerung von »Abwertung von Strukturen und Improvisationsliebe«

Die beiden Beispiele zeigen die zwei Seiten des Kulturstandards »Abwertung von Strukturen und Improvisationsliebe«: In der »Scheinwerferproduktion« verteidigen die Tschechen ihre Freiheit und der Direktor für Handel ist ein Meister im reaktiven

Verhalten. Beides ist auf dieselbe historische Erfahrung vieler Tschechen zurückzuführen, nicht Herr des eigenen Geschicks gewesen zu sein.

Um das verstehen zu können, ist ein kurzer geschichtlicher Exkurs nötig. Tschechien war, von kurzen Epochen abgesehen (1918–1938; seit 1989), stets in größere, von anderen dominierte Herrschaftszusammenhänge eingebunden: Bis 1866 gehörten Böhmen und Mähren zum Deutschen Reich (ab 1526 innerhalb der österreichischen Monarchie), dann waren Böhmen und Mähren Teil dieser Monarchie; 1938–1945 wurden sie zum »Protektorat Böhmen und Mähren«; zwischen 1948 und 1989 Teil des Ostblocks. Seit der »nationalen Erweckung« im 19. Jahrhundert, aber bereits auch immer wieder zuvor (z. B. Hussitismus, Schlacht am Weißen Berg 1620), wurde diese Geschichte als eine Geschichte permanenter Fremdherrschaft empfunden. Um sich dagegen aufzulehnen, war das Volk zu klein. So hatte man sich mit etlichen Niederlagen schlicht abzufinden und sich andere Überlebensstrategien zu überlegen. Sowohl das Faktum relativ geringer Macht wie auch das Erleben dieser Umstände als identitätsbedrohend prägten die tschechische Mentalität nachhaltig.

Besonders einflussreich war die Zeit des Zusammenschlusses mit dem habsburgischen Königshaus (1526–1918). Die Rechtslage räumte den Tschechen zwar ursprünglich ein, eine eigenständige Nation im juristischen Sinn zu sein, obwohl das Oberhaupt der Habsburger auf dem Wiener Thron saß; die Realität wurde dann aber zunehmend eine absolutistische. Somit befanden sich die Tschechen in einer permanenten Gratwanderung zwischen dem Aufrechterhalten der gefühlten und (ursprünglich) gestatteten Eigenständigkeit und dem Sich-Einfügen in die zentrale Wiener Macht und dann zunehmend unter dem Anspruch, die eigene Identität gegen den Akkulturationsdruck zu behaupten. Das führte früh zu einer Entfremdung von Regierungsstrukturen: Man widersetzte sich dem Staat und seinen Gesetzen, um dem aus eigenem Antrieb und Interesse Gewollten immer wieder zum Durchbruch zu verhelfen. Das Leben in einem sozialistischen Staat verstärkte diese Mentalität weiter und steht für die jüngste Epoche des Misstrauens gegenüber dem Staat und seinen Strukturen.

Für unseren Zusammenhang bleibt zusammenfassend festzuhalten: Die Abwertung von staatlichen Strukturen war seit dem 16. Jahrhundert eine psychologische Überlebensnotwendigkeit der Tschechen, wollte man nicht seine Existenz als eigenes Volk aufgeben und völlig assimiliert werden.

■ Grundmotiv für die Abwertung der Strukturen

Dieses Phänomen zeigt sich heute bezogen auf das Arbeitsleben als *Reaktanz als Grundmotiv für die Abwertung der Strukturen.* Wenn jemand glaubt, sich frei verhalten zu können, dann aber eine Einengung erlebt, sodass die Freiheit geringer wird oder ganz aufgehoben ist, entsteht eine motivationale Erregung, die eliminierte Freiheit wiederherzustellen, die man als »Reaktanz« bezeichnet. Das ist bei Tschechen extrem häufig der Fall. Während für Deutsche eine Form von Struktur-Plan hilfreich ist, weil er Zeit und Inhalte (Sache) organisiert (Schroll-Machl u. Nový 2003), erleben Tschechen einen Plan als Einschränkung: Er organisiert in ihren Augen nicht den Gegenstand, sondern die beteiligten Personen (!) und wird deshalb tendenziell abgelehnt. Formalismen beispielsweise erwecken Misstrauen und Zweifel, Befehle führen zu großer Reserviertheit, zu klare Handlungsvorgaben wirken freiheitseinschränkend und bevormundend und provozieren geradezu die Nichteinhaltung. Taucht das Gefühl der Unfreiheit auf, dann ist die Wahrscheinlichkeit hoch, dass eben diese Vorgaben zu umgehen versucht werden. An der Mitgestaltung von Arbeitsprozessen, Arbeitsweisen und beruflichen Rollen nicht beteiligt zu werden, sondern diese Prozesse nur ausführen oder umsetzen zu müssen, wird als degradierend empfunden.

Außerdem herrscht die Tendenz vor, bereits mit Arbeitsbeginn ein von außen gestecktes Ziel oder eine von außen kommende Entscheidung anzuzweifeln. Man geht a priori davon aus, das Ziel müsse nicht erreicht werden, es würde auch andere Möglichkeiten geben. Tschechen gehen zudem davon aus, irgendjemand habe sich am grünen Tisch diesen Plan oder diese Norm ausgedacht, ohne eine Ahnung davon zu haben, ob das tatsächlich sinnvoll oder gar notwendig sei. Normen, Vorschriften und Gesetze werden von vornherein sehr oft für dumm und unsinnig gehalten. Wer sich nun an die gegebenen Strukturen hält, erweist sich als einfältig und nicht mitdenkend. Intelligenz besteht darin, Vorgaben und Strukturen zu umgehen. Ob das in der jeweiligen konkreten Situation stimmt, sei dahingestellt. Tatsache ist, innerlich erfolgt eine Abwertung der wahrgenommenen Struktur. Tschechen sagen von sich selbst, Disziplin sei ihnen nicht angeboren, sie wollen keine »gezähmten Affen« sein, sondern sich selbstständig und unabhängig fühlen. Für manche ist es fast ein Sport, sich bei einer Vorschrift oder Anweisung sofort zu überlegen, wie das Verlangte auch anders gemacht werden könne. Tschechen wollen nicht folgen und gehorsam sein. Darin liegt ihr Stolz. Das geht unter Umständen so weit, dass auch besprochene Regeln, Termine und Vereinbarungen nicht strikt eingehalten werden zugunsten einer gewissen Freiheit im Handeln.

Ist dennoch die Anfangshürde überwunden und Tschechen sind im Begriff, innerhalb einer Struktur zu agieren, dann nimmt diese Haltung folgende Form an:

- Tschechen legen sich nicht gern fest. Klare Entscheidungen würden nämlich keinen Ausweg mehr offen lassen und das wird zu vermeiden gesucht.
- Tschechen übernehmen nicht gern Verantwortung, sondern verweisen lieber an Hierarchien. Damit können sie sich einen Ausweg offen halten, denn von Hierarchieträgern distanziert man sich in ähnlicher Weise.
- Wenn Tschechen keine Möglichkeit zum Ausscheren oder zur Beeinflussung einer Struktur haben, dann machen sie mit und erfüllen die an sie gestellten Erwartungen. Sie sehen vielleicht, dass mit Hilfe der Struktur ein Ziel gut erreicht wird. Aber sie bewahren sich auch dann noch eine innere Distanz und unterhalten sich etwa informell darüber, wie blöd das sei, was sie zu tun haben.
- Hat jemand mit einen Handlungsablauf beendet, und selbst wenn sie oder er das intendierte Ziel akzeptiert und erreicht hat, will er oder sie sich immer noch sagen können: Ich habe das aufgrund einer eigenen Idee erreicht, ich habe den Befehl nicht befolgt.
- Tauchen irgendwelche Hindernisse auf, sei es von außen, von innen, subjektive oder objektive, dann greift die »praktische

Intelligenz« und »tschechische Schläue«, wie das System, in dem man sich befindet, ein bisschen zu »erweitern« und das Hindernis zu umgehen sei. Und dann macht sich ein »tschechisches kleines Spielerchen« auf die Suche, ein »Weglein« zur Lösung zu finden. Man setzt beispielsweise in größeren Projekten seine informellen Kontakte, in kleineren Projekten sein Improvisationstalent ein und versucht zu tun, was man eben für die beste Möglichkeit im Sinne eines »Wegleins« hält. Hat man damit Erfolg, ist man sehr stolz. Auf diese Art finden sich diverse Schlupflöcher und Hintertürchen.

■ Kreativität, Einfallsreichtum und Improvisationsliebe im engeren Sinne

Damit sind wir beim zweiten Grundelement dieses Kulturstandards angelangt: *Kreativität, Einfallsreichtum und Improvisationsliebe im engeren Sinne*. Das geschilderte Verhalten ist nur möglich, wenn jemand wirklich einfallsreich und kreativ ist und improvisieren kann. Das ist bei Tschechen gegeben: Spielräume werden gewittert und genutzt. Das Motto angesichts eines im Prinzip klaren Regelwerks heißt oft: »Eigentlich geht es (das, was man gerade im Begriff ist zu tun) nicht, aber probieren wir es.« Tschechen lieben es zu improvisieren. Sie halten es für eine ihrer charakteristischen Eigenschaften, flexibel, geschmeidig, findig zu sein. Diese Eigenschaft erfüllt sie mit Stolz: kreativ sein, gestalten, spielen – das bevorzugen sie allemal. Das ist – so sind sie weithin überzeugt – auch der Boden, auf dem neue und gute Ideen gedeihen können.

Wird es einmal knifflig, hat es schon fast Sportcharakter, dass jemandem auf Anhieb eine gute Lösung für ein Problem einfällt. Was Tschechen mit großer Freude und mit Stolz erfüllt, ist, wenn sie einen positiven Überraschungseffekt lancieren können – ganz besonders gegenüber Deutschen (»Dass wir das schaffen – da staunt ihr?!«).

Etwas zu planen bezieht sich im Allgemeinen auf die Vorbereitung der ersten Schritte. Im Folgenden wird eine spontane, gekonnte Reaktionsfähigkeit von vornherein einkalkuliert. Tschechen vertrauen auf ihre Improvisationsfähigkeit und bereiten sich manchmal für Besprechungen oder Verhandlungen gar nicht vor, weil sie sich darauf verlassen, mindestens in 50 Prozent der Fälle mit Improvisation die Situation zu meistern.

Dass die Abwertung von Strukturen auf Kosten von Qualität und Perfektion bei der Ausführung einer Sache gehen könnte, ist für Tschechen kein Problem. Selbst einen offensichtlichen Schaden erkennen sie nur ungern an. Hier zeigen sie sich »großzügig«, wie sie es nennen.

■ Reaktion statt Aktion

Die Abwertung von Strukturen hat zur Voraussetzung, dass es solche gibt und man sie kennt. Das bedeutet:

a) Das bislang beschriebene Verhalten funktioniert nur dann, wenn irgendjemand Strukturen vorgibt (egal ob es sich dabei um einen ausländischen Investor oder einen in der jeweiligen Situation mächtigeren Tschechen handelt). Das Gefühl, organisiert *zu werden*, setzt ein und in der Folge das Spielen mit der Struktur.

b) Dieses Gefühl wird (und wurde im Laufe der Jahrhunderte) generalisiert! Tschechen schätzen sich fast immer als zu schwach ein, die Bedingungen für ihre eigene Arbeit selbst beeinflussen zu können – schon gar nicht auf längere Sicht. Sie rechnen praktisch latent immer damit, dass sie ihr Verhalten an anderen ausrichten müssen: an der geänderten Situation, an Mächtigen, an neuen, ihnen noch unbekannten Bedingungen. Deshalb ist es nur rationell und vernünftig, reaktiv zu sein, statt von sich aus aktiv. Die Abwertung von Strukturen und die Improvisation ist die positiv bewertete Lösungsstrategie für derartige Rahmenbedingungen, seien sie nun faktisch gegeben oder vermutet!

c) Auf individueller Ebene heißt das, dass jemand nicht darin geübt ist, sein Verhalten von sich aus aktiv zu planen, Verantwortung zu übernehmen, sich seine Bedingungen selbst zu gestalten und zu setzen, sondern sich auch vielmehr hier anpasst an tatsächliche oder vermeintliche, nicht zu ändernde äußere Bedingungen (was in unserem Beispiel dem Direktor für Handel zum Verhängnis gereichte). Tschechen sind zufrieden, wenn sie eine eigentlich verlorene, aussichtslose Situation »retten« können, indem sie ihr wenigsten irgendetwas Positives, manchmal bloß einen Nebeneffekt, abgewinnen oder indem sie ein Mindestmaß der Zielerreichung arrangieren können.

d) Auf der Ebene der beruflichen Zusammenarbeit besteht aber auch folgende Möglichkeit: Wenn ein starker Partner seinen tschechischen Partner von seinen guten Absichten überzeugen kann und davon, dass er die Bedingungen (Strukturen) über längere Zeit garantieren kann, dann kann sich das Verhalten völlig ändern: Tschechen werden dann nicht nur Pläne, Normen und Strukturen respektieren und einhalten, sondern sogar an ihrer Perfektionierung konstruktiv mitarbeiten. Das ist eine der Ursachen für die vielen Erfolgsgeschichten, die es in der deutsch-tschechischen Kooperation auch gibt (vgl. Beispiel 2).

Die Vorteile des Kulturstandards »Abwertung von Strukturen und Improvisationsliebe« liegen in der tschechischen Improvisationsfähigkeit: Manchmal schaffen Tschechen etwas, was unter strenger Berücksichtigung der Strukturen nicht möglich wäre. Aus dem gleichen Grund sind Tschechen manchmal auch schneller als erwartet. Oder manchmal warten Tschechen mit positiven Überraschungen auf, in dem Sinne, dass sie mehr tun als eigentlich erwartet werden würde. Der innere Gewinn liegt dabei in der Aufwertung der eigenen Person als »schlau«, »findig«, »pfiffig«, »kreativ« und verursacht das zufriedene Gefühl, »intelligenter als die Deutschen« zu sein.

Die Nachteile des Kulturstandards liegen immer wieder in der Güte der Arbeitsergebnisse: Die Qualität einer Sache – eines Vorgangs, eines Produkts – kann leiden, oder sogar Schaden nehmen, ein Ergebnis kann suboptimal bleiben, ein Ergebnis wird eventuell nicht rechtzeitig vorliegen.

■ Themenbereich 3:
Simultanität

■ Beispiel 5: Die liebe Zeit

■ Situation

Für einen deutschen Bürostuhlhersteller wird in der tschechischen Republik ein bestimmtes Kunststoffteil gefertigt. Es hat sich jedoch offenbar ein Fehler eingeschlichen, ein Maß stimmt nicht. Der Kunde reklamiert und macht Druck, denn er braucht dieses Teil, damit seine eigene Produktion weitergehen kann. Der deutsche Verantwortliche, der diesen Auftrag an die tschechische Produktion weitergeleitet hat, fährt also schleunigst in die Tschechische Republik, um dieses Problem noch heute Nacht zu lösen und dem Kunden morgen Früh eine Lieferung einwandfreier Teile senden zu können. Zu seinem Erstaunen scheinen seine tschechischen Kollegen die Sache ganz gelassen anzugehen: Man setzt sich in aller Ruhe zusammen und diskutiert, wie dieser Fehler wohl zustande kommen kann. Der Deutsche wird ungeduldig: Für ihn besteht dringender Handlungsbedarf und seine Kollegen diskutieren in aller Ruhe! Es war eindeutig ein Fehler passiert: Die Arbeiter werden normalerweise stündlich kontrolliert, was anscheinend unterblieben ist, denn sonst hätte man diesen Fehler feststellen müssen. Es ist klar, dass die gesamte Produktion sortiert werden muss. Doch die tschechischen Kollegen meinen, sie können jetzt nach Feierabend niemanden auftreiben, der das macht. Während sie noch immer diskutieren, tauchten plötzlich zwei Leute auf und machten sich an die Arbeit. Nun helfen auch die anderen mit und bis zum frühen Morgen ist tatsächlich alles sortiert und der Kunde kann noch am frühen Vormittag genügend gewünschte Teile bekommen.

Der Deutsche war froh und entnervt zugleich: Dieses anfängliche Hinauszögern, diese lässige Herangehensweise in einer solch dringenden Situation konnte er nicht verstehen. Was steht hinter diesem Verhalten der Tschechen?

– Lesen Sie nun die Antwortalternativen nacheinander durch.
– Bestimmen Sie den Erklärungswert jeder Antwortalternative für die gegebene Situation und kreuzen Sie ihn auf der darunter befindlichen Skala entsprechend an. Es ist möglich, dass mehrere Antwortalternativen den gleichen Erklärungswert besitzen.

■ Deutungen

a) Für die tschechischen Kollegen war die Sache noch nicht wirklich dringlich. Bis morgen war noch viel Zeit!

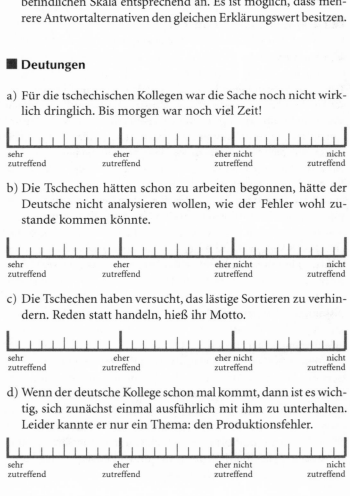

| sehr zutreffend | eher zutreffend | eher nicht zutreffend | nicht zutreffend |

b) Die Tschechen hätten schon zu arbeiten begonnen, hätte der Deutsche nicht analysieren wollen, wie der Fehler wohl zustande kommen könnte.

| sehr zutreffend | eher zutreffend | eher nicht zutreffend | nicht zutreffend |

c) Die Tschechen haben versucht, das lästige Sortieren zu verhindern. Reden statt handeln, hieß ihr Motto.

| sehr zutreffend | eher zutreffend | eher nicht zutreffend | nicht zutreffend |

d) Wenn der deutsche Kollege schon mal kommt, dann ist es wichtig, sich zunächst einmal ausführlich mit ihm zu unterhalten. Leider kannte er nur ein Thema: den Produktionsfehler.

| sehr zutreffend | eher zutreffend | eher nicht zutreffend | nicht zutreffend |

- Versuchen Sie, Ihre Einstufung jeder Antwortalternative zu begründen. Halten Sie die Begründung in schriftlicher Form stichpunktartig fest.
- Lesen Sie nun die Erläuterungen zu jeder Antwortalternative durch und vergleichen diese mit Ihren eigenen Begründungen.

■ Bedeutungen

Erläuterung zu a):

Volltreffer! Die tschechischen Kollegen gingen das Problem viel gelassener an als der Deutsche. Es war ihnen klar, dass sie sortieren mussten und dass ein Fehler passiert war. Aber das war in ihren Augen kein Grund zu Hektik oder Panik: Das kriegen wir schon! Wir haben ja noch den ganzen Abend und die ganze Nacht! In ihren Augen zeugt diese Haltung erstens von Professionalität und Souveränität, wenn man bei Störungen ruhig bleibt. Außerdem rechnet man zweitens immer damit, dass irgendetwas nicht so läuft, wie man es sich wünscht, und drittens zählt allein das Ergebnis: Morgen wird der Kunde Teile haben. Wie das geschafft werden wird, ist völlig egal! Dabei vertrauen Tschechen auf ihre Improvisationsfähigkeit, aufgrund derer ihnen sicher Lösungen einfallen werden. Um ihr Ziel zu erreichen, wissen sie viertens zudem, dass sie immer noch Reserven haben, die sie mobilisieren können. Grundsätzlich arbeiten sie eher schubweise: In einem dringenden Fall klotzen sie tüchtig ran, um dann wieder in einen energieschonenderen Gang zurückzuschalten, bis sich der nächste dringende Fall einstellt.

Erläuterung zu b):

Auch diese Antwort ist richtig. Vermutlich hat der Deutsche in seinem Hang zu Problem- und Fehlerquellenanalysen das Gespräch in diese Richtung gedrängt. Dieses Beispiel hatte ein Happyend. Doch es hätte sich auch folgende gefährliche Situation entwickeln können: Während nämlich der Deutsche davon ausgeht, dass diese Analyse einer künftigen Fehlervermeidung dient, sehen Tschechen sie als reine Zeitverschwendung. Solange man redet, kann nichts passieren, und man kommt der Lösung keinen Schritt näher. Aus Höflichkeit und Respekt dem Deutschen gegenüber (vgl. Themenbereich 8: Schwankende Selbstsicherheit) wird man aber das Gespräch von der tschechischen Seite aus nicht beenden. Die Zeit, die damit allerdings verloren geht, kann den Tschechen letztlich dann wirklich fehlen, und sie erreichen ihr Ziel tatsächlich nicht. Schuld daran sind dann die Deutschen, die mit ihrem »Gequatsche« diese Situation herbeigeführt haben!

Erläuterung zu c):

In dieser Geschichte ist diese Erklärung unzutreffend. Die tschechischen Kollegen wollten den Fehler wieder gutmachen und haben ja auch fleißig gearbeitet und sortiert. Für das lange Gespräch zu Beginn gibt es einen anderen Grund.

Aber generell können Tschechen wahre Meister des Redens sein, wenn sie Arbeit oder eine Verantwortungsübernahme vermeiden möchten. Sie selbst nennen dieses Verhalten dann »Alibismus«.

Erläuterung zu d):

Diese Idee ist nicht von der Hand zu weisen. Entsprechend der für Tschechen typischen Personorientierung (vgl. Themenbereich 1) wäre es sehr unhöflich gewesen, sofort nach Ankunft des Deutschen mit der Arbeit zu beginnen. Eine gewisse Zeit ist aus ihrer Sicht unbedingt erforderlich, um sich auszutauschen, sich zu begegnen, wieder miteinander warm zu werden. Und es wäre nicht das einzige Mal, dass der Deutsche diverse Gesprächsangebote der Tschechen (in mehr oder weniger beleidigender Weise) übersehen oder abgewürgt hätte, um zielorientiert zu seinem Punkt zu kommen: Es ist ein Fehler passiert!

- Beantworten Sie für sich folgende Frage: Wie würden Sie sich in einer vergleichbaren Situation verhalten?
- Halten Sie Ihre Überlegungen stichpunktartig in schriftlicher Form fest.

◼ Lösungsstrategie

In einem solchen Fall ist es ausschlaggebend, dass der deutsche Verantwortliche zunächst einmal betont, wie wichtig es ihm persönlich wegen des Kunden ist, und warum es für den Kunden wichtig ist, dass dieser die Teile rechtzeitig bekommt. Dabei ist der Zeitpunkt, was mit »rechtzeitig« genau gemeint ist, klar zu definieren.

Dann wirkt es motivierend, wenn er seiner Überzeugung Ausdruck verleiht, dass die tschechischen Kollegen das sicher schaffen. »Ich weiß, dass Sie das schaffen, denn Sie haben ja auch einmal...«

Sollte der deutsche Verantwortliche nicht – wie in diesem Fall – persönlich mithelfen, ist es entscheidend, dass er vor dem Ende der Aktion noch einmal kontrolliert, wie der Arbeitsvorgang vorangeht.

Ist alles wie gewünscht geschafft, dann ist es wohl selbstverständlich, dass sich der deutsche Verantwortliche entsprechend bedankt und den Akteuren das gebührende Kompliment zollt. Das könnte er jetzt gut mit der Hoffnung verbinden, dass auch künftig alles immer rechtzeitig erledigt sein wird.

◼ Beispiel 6: Die Kontaktbörse

◼ Situation

Ein deutsch-tschechischer Verband von Unternehmern organisiert eine Kontaktbörse. Alle möglichen Unternehmensvertreter sowie diverse Repräsentanten verschiedener Organisationen sind anwesend, um die Koordination der deutsch-tschechischen Aktivitäten zu besprechen und zu planen. Zwei Verantwortliche, eine Deutsche und ein Tscheche, leiten und moderieren die Veranstaltung. Man hat den ganzen Tag gearbeitet. Der offizielle Teil der Veranstaltung ist beendet, das Programm, das man sich bis zum Abendessen vorgenommen hatte, ist abgearbeitet, und der Abend steht zur freien Verfügung. Am anderen Tag soll das Programm fortgesetzt werden. Es ist Nacht und die Deutsche schläft, wie alle Deutschen irgendwann. Die Tschechen sitzen in einer Runde zusammen, sie sprechen miteinander, trinken Wein und lachen viel bis um fünf Uhr morgens.

Am nächsten Tag geht die Tagung um 9 Uhr weiter. Der tschechische Verantwortliche kommt ein paar Minuten vorher todmüde in den Raum, in dem die Deutsche schon alles hergerichtet hat. Die beiden hatten vereinbart, dass er an diesem Vormittag die Moderation übernimmt. Er orientiert sich ein bisschen und bittet dann die Deutsche, sie möge doch bitte die Moderation übernehmen, er fühle sich nicht gut. Die Deutsche ist innerlich sehr wütend: Ihr Kollege trinkt die Nacht hindurch und drückt sich dann um die Arbeit! Aber es geht ihr um das Gelingen der Veranstaltung und sie übernimmt die Moderation. Ihr tschechischer Kollege hält sich erwartungsgemäß zurück. Der Vormittag verläuft tagesordnungsgemäß. Mit dem Mittagessen endet die Veranstaltung und alle scheinen zufrieden.

Nur die Deutsche hat ein Problem und bittet ihren Kollegen um ein Reflexionsgespräch. Wie lässt sich das ist Verhalten des Tschechen erklären?

– Lesen Sie nun die Antwortalternativen nacheinander durch.
– Bestimmen Sie den Erklärungswert jeder Antwortalternative für die gegebene Situation und kreuzen Sie ihn auf der darunter befindlichen Skala entsprechend an. Es ist möglich, dass mehrere Antwortalternativen den gleichen Erklärungswert besitzen.

■ Deutungen

a) Der tschechische Kollege trinkt gern, ganz besonders in geselliger Runde – wie alle Tschechen.

sehr	eher	eher nicht	nicht
zutreffend	zutreffend	zutreffend	zutreffend

b) Die Nacht wurde unvorhergesehen sehr lang. Der Tscheche hat daher um die kleine Gefälligkeit gebeten, die Deutsche möge ihn in der Moderation vertreten. Was sollte daran problematisch sein?

| sehr
zutreffend | eher
zutreffend | eher nicht
zutreffend | nicht
zutreffend |

c) Die Geselligkeit, die sich beim Wein zufällig ergeben hat, war eine gute Chance, das Ziel der Tagung zu erreichen, nämlich sich kennen zu lernen und Kontakte zu knüpfen. Diese Chance musste genutzt werden! Und deshalb musste der tschechische Kollege als einer der Veranstalter unbedingt dabei sein.

| sehr
zutreffend | eher
zutreffend | eher nicht
zutreffend | nicht
zutreffend |

d) Tschechen lieben es, mehrere Dinge gleichzeitig zu tun. In den Augen des tschechischen Kollegen konnte somit Arbeit und Entspannung während der Nacht beim Wein ideal kombiniert werden.

| sehr
zutreffend | eher
zutreffend | eher nicht
zutreffend | nicht
zutreffend |

– Versuchen Sie, Ihre Einstufung jeder Antwortalternative zu begründen. Halten Sie die Begründung in schriftlicher Form stichpunktartig fest.
– Lesen Sie nun die Erläuterungen zu jeder Antwortalternative durch und vergleichen diese mit Ihren eigenen Begründungen.

■ Bedeutungen

Erläuterung zu a):
Das kann sein, auch wenn dieser Umstand sicher nicht die Erklärung für die Geschichte ist. Übrigens: Der Umgang mit Alkohol ist in Tschechien nicht anders als in Deutschland.

Erläuterung zu b):
In tschechischen Augen ist das sicher so. Für ihn war die Rollenverteilung für die Moderation des letzten Vormittags nicht vorran-

gig. Das ist eher ein Ausdruck deutschen Formalismus, dass die Rollenverteilung immer sichtbar paritätisch sein soll. »Gleichheit« und »Partnerschaftlichkeit« beinhaltet für ihn andere, wichtigere Komponenten, etwa eine wirklich gute und angenehme Beziehung, in der man sich kennt, schätzt, vertraut und füreinander jederzeit einspringt. Doch der Kern der Geschichte ist ein anderer.

Erläuterung zu c):

Genau! Für den tschechischen Kollegen stand das Ziel der Veranstaltung im Vordergrund: eine Kontaktbörse. Das Programm, das dafür entwickelt wurde, war für ihn sekundär. Wenn es dem Ziel dient, kann man das Programm einhalten, wenn nicht, kann man es ändern oder einfach absagen. Und das hätte nicht nur der Verantwortliche, sondern alle Tschechen auch getan, hätte es da nicht die Deutschen gegeben, die sich rechtzeitig schlafen gelegt haben. Die Tschechen haben sich unterhalten, sie haben ihre Kontakte geknüpft, sie haben das Ziel der Veranstaltung mehr als erreicht. Dass sie überhaupt noch am nächsten Tag programmgemäß erschienen, war reine Höflichkeit gegenüber den Deutschen. Der Kernpunkt der tschechischen Logik hier heißt: Es kommt immer anders als geplant, im negativen, aber auch im positiven Sinn. Und solchermaßen entstandene Chancen sollte man dann flexibel nutzen! Was dadurch erreicht werden kann, ist meist mehr oder von anderer Qualität als im Plan vorgesehen. Es ist entscheidend, sich wach einer neuen Situation anzupassen, statt einem Plan hinterherzuhinken. Wie umständlich sind doch da die Deutschen!

Erläuterung zu d):

Ja, das ist absolut richtig. Wie herrlich ließ sich in dieser Nacht Dienstliches und Persönliches kombinieren, in wie angenehmer Atmosphäre konnte man die Sachebene (Kontakte herstellen, Ziele miteinander besprechen, erste Ideen generieren) und die Beziehungsebene (sich annähern, sich kennen lernen, Spaß zusammen zu haben) bedienen. Das war für alle Tschechen einfach optimal – man fühlte sich wohl und arbeitete all das ab, was im Moment aktuell war. Deshalb blieb man auch bis fünf Uhr morgens auf der besonders gelungenen Veranstaltung. Und dieses Gefühl konnte der tschechische Verantwortliche auch genießen.

- Beantworten Sie für sich folgende Frage: Wie würden Sie sich in einer vergleichbaren Situation verhalten?
- Halten Sie Ihre Überlegungen stichpunktartig in schriftlicher Form fest.

■ Lösungsstrategie

Diese Geschichte ist für Tschechen sehr typisch. Und für Deutsche kann nicht genug betont werden, wie entscheidend es ist, die tschechische Simultanität von Sachebene und Beziehungsebene zu akzeptieren. Etwas, was scheinbar nur der Beziehungsebene dient (z. B. Wein, Bier oder Kaffee trinken), ist Tschechen nicht nur ein selbstverständlicher, angenehmer Bestandteil der Arbeit, sondern hier passieren tatsächlich Fortschritte auf der Sachebene! Das muss von deutscher Seite auch so wahrgenommen werden und eine positive Einschätzung erfahren!

Hier wäre es gut gewesen, wenn die Deutsche sich einfach am Morgen erkundigt hätte, was denn am späten Abend bis in den Morgen passiert ist, was die Tschechen erledigt und »abgearbeitet« hätten. Man hätte es ihr sicher gern, sogar stolz erzählt. Dann wäre es gut gewesen, einfach mit dem Vormittagsprogramm daran anzuknüpfen. Im offiziellen Programm hätte man also zunächst zusammenfassen und positiv bewerten können, was nachts geschehen war, und dann das Programm darauf aufbauend und in etwas abgeänderter Form fortsetzen können, sodass die Arbeit der Nacht eine Weiterentwicklung hätte erfahren können. – Es ist jedenfalls ein gravierender Fehler, wie hier geschehen, sich lediglich auf die Planung zurückzuziehen und ignorant so zu tun, als sei seit gestern nichts passiert.

■ Kulturelle Verankerung von »Simultanität«

Der Umgang mit Zeit unterscheidet sich ebenfalls zwischen Tschechen und Deutschen. Das deutsche Muster ist mit Zeitplanung und Konsekutivität zu beschreiben (Schroll-Machl u. Nový 2003), das tschechische als Simultanität. Das bedeutet, dass

Tschechen mehrere Dinge zur gleichen Zeit tun und sich nicht nur auf eine Sache konzentrieren. Simultanität stellt die zeitliche Dimension der »Abwertung von Strukturen und Improvisationsliebe« dar (vgl. Themenbereich 2).

Für Tschechen hat es einen hohen Wert und gilt als erstrebenswert, mehreres gleichzeitig zu erledigen, also verschiedene Tätigkeiten miteinander zu kombinieren, an mehreren Projekten parallel zu arbeiten und – im Umkehrschluss – mit einer Handlung gleich mehrere Handlungsstränge zu bedienen.

»Gleichzeitigkeit« bedeutet dabei nicht unbedingt, im selben Moment mehr als eine Handlung auszuführen, sondern in der Regel zwischen den Handlungssträngen und Handlungsebenen der gleichzeitig verfolgten Handlungen schnell und leicht je nach (subjektiver) aktueller Priorität zu wechseln. Dieses »kleine, aber beherrschbare Chaos«, wie es Tschechen formulieren, macht ihnen Spaß, weil es ihre Improvisationsfähigkeit herausfordert.

Diese Haltung geht natürlich auf Kosten von Planung! Aber an den Sinn zeitlicher Planungen glauben Tschechen sowieso nur bedingt, da sie ja damit rechnen, dass sich die Bedingungen stets ändern und derjenige der Dumme ist, der sich auf eine Planung verlassen hat. Das hat handfeste historische Hintergründe (vgl. Schroll-Machl 2001). Das Regime wechselte in Tschechien im vergangenen Jahrhundert tatsächlich alle paar Jahre: Bis 1918 unterstand man der Habsburger Monarchie, dann war man bis zum Münchener Abkommen 1938 ein eigenständiger Staat, dann herrschte bis 1945 der Naziterror, ab 1947 regierten die Kommunisten je nach »Epoche« milder (1968!) oder strenger, 1989 kam die Wende zu Marktwirtschaft und Demokratie, und nun steht der EU-Beitritt kurz bevor. Diese politischen Bedingungen waren weit davon entfernt, lediglich Ideen zu sein, sie beeinflussten das Leben des Normalbürgers nachhaltig bis in seine materielle, mitunter sogar physische Existenz hinein!

Auch die Zielstrebigkeit von Tschechen zur Erreichung des intendierten Ziels eines einzelnen Handlungsstrangs ist nicht sehr ausgeprägt. Entweder haben sie überhaupt schon zu Beginn multiple Ziele vor Augen oder sie bevorzugen mindestens während des Handelns eine Berücksichtigung mehrerer möglicher Wege und unterschiedlicher Problemlösungsideen. Bei Barrieren auf dem Weg zur Zielerreichung reagieren Tschechen relativ ruhig und scheinen sich weniger einen Ergebniszwang aufzuerlegen, als Deutsche dies tun.

Gelassenheit, ja Lässigkeit ist oft ein weiteres tschechisches Charakteristikum. Tschechen sind nicht leicht aus der Ruhe zu bringen. Sie selbst sagen, ihre Devise sei, die Probleme auf sich zukommen zu lassen und Ruhe zu bewahren (»Es wird schon irgendwie ...«). Manches Problem wird schlicht ausgesessen; es wird darauf vertraut, dass es sich von selbst erledigt. Man könne, so sind sie überzeugt, von den meisten Forderungen 50 Prozent nachlassen, der Rest dürfte dann der Wirklichkeit entsprechen.

Im Handeln verteilen Tschechen ihre Energie oft nicht gleichmäßig, sondern sozusagen schubweise: Sie arbeiten nicht kontinuierlich, sondern mal schnell, mal langsam, dann kommt eine Pause, dann zu schnell, dann wieder zu langsam und so weiter. Den Zeitdruck auf dem Weg zur Zielerreichung empfinden sie nicht gleich verteilt, sondern er wächst für sie gegen Ende der Handlung massiv an. Das bedeutet, dass oft – in der Wahrnehmung Deutscher – im letzten Moment und auf den letzten Drücker vieles geschieht. Tschechen sind in der Lage, in einer kurzen Zeitspanne sehr effektive Ergebnisse zu erzielen, wenn sie bereit und hoch motiviert sind.

Termine allein lösen das Gefühl von Dringlichkeit eher nicht aus. Zu Terminen haben Tschechen vielfach die Einstellung, obgleich vielleicht in der Sache wünschenswert, sie in der Realität jedoch relativ unverbindliche Anhaltspunkte darstellen. Verspätungen sind in vielen Fällen normal und bleiben folgenlos, und jemand, der alles rechtzeitig schafft, ist ein bisschen »komisch«. Dringlichkeit wird von Tschechen entweder personenbezogen (eine relevante Person will oder braucht etwas) oder sachbezogen definiert als endgültige Entscheidung, dass es keine Alternative (keinen »anderer Ausweg«) gibt und ein bestimmtes Vorhaben jetzt zu Ende gebracht werden muss. In beiden Fällen sehen sie ein, dass etwas »wirklich wichtig« ist, und dann werden sie aktiv.

Simultanität bedeutet auch gestreute Aufmerksamkeit, das heißt die Wahrnehmungsfähigkeit ist bei Tschechen nicht auf eine Sache konzentriert, sondern sie können stets mehrere Dinge im Blick behalten und mehrere Aktivitäten verfolgen. Tschechen haben »ihre Augen und Ohren überall«. Damit sind sie reaktionsfähig und können sich bietende Gelegenheiten wahrnehmen und potenzielle Chancen nutzen.

Die Vorteile der tschechischen Simulanität liegen zweifellos in ihrer Flexibilität: Wichtigen Dingen wird Priorität eingeräumt – die Definition ist allerdings von Personen und aktuellen Situationen abhängig und deshalb Veränderungen unterworfen. Vieles Geplante kann trotz Auftauchen von Schwierigkeiten doch noch oder zumindest teilweise geschafft und erreicht werden; manches Unerwartete kann zusätzlich bearbeitet und bewältigt werden – in beiden Fällen, weil man zeitlich eben entsprechend flexibel ist.

Die Nachteile liegen in einer deutlich geringeren Einschätzbarkeit des zeitlichen Rahmens für sämtliche Handlungen, Abläufe, Aktivitäten, Verzögerungen sind normal. Das wird schon gelegentlich zeitliche Unzuverlässigkeit genannt – auch von Tschechen.

Themenbereich 4:
Personorientierte Kontrolle

Beispiel 7: Die Grafik

Situation

Herr B. ist Qualitätschef einer deutsche Firma und hat die Aufgabe, die Qualitätsabteilung in der tschechischen Firma im Verhältnis eins zu eins aufzubauen, denn die deutsche Produktion soll in die tschechische Republik verlagert werden. Es kostet ihn viel Mühe und viele Rückschläge, alle Verfahren, Formulare und so weiter seinen tschechischen Kollegen zu erläutern und beizubringen. Ein Beispiel: Einmal bespricht er mit seinen tschechischen Kollegen die Reklamationsdarstellung. Er möchte sie im nächsten Monat nicht mehr als Auflistung erhalten, sondern als Grafik. Dort ist dann ein Zielwert klar ersichtlich und auch der Istwert. Er erklärt, wie eine derartige Grafik erstellt wird, beantwortet ein paar Fragen und hat den Eindruck, dass die Sache verstanden wurde. Als er das nächste Mal in dieser Sache in die Tschechische Republik kommt, erhält er dasselbe Ergebnis wie vorher, nämlich eine Auflistung. Er erkundigt sich wieder nach Verständnisfragen, erklärt die Sache nochmals, reist wieder ab mit einem Ja der tschechischen Seite, im nächstes Monat werde alles seinen Vorstellungen entsprechen. Doch die Szene wiederholt sich noch ein paar Mal. Er schafft es einfach nicht, seine tschechischen Kollegen dazu zu bewegen, seine Vorschläge zu übernehmen.

Nach einigen Monaten wechselt Herr B. die Stelle und Herr S. wird sein Nachfolger. Herr S. ist vielen Tschechen der Firma bereits von seiner vorherigen Position bekannt, denn er hat als Assistent der Geschäftsleitung gearbeitet und war daher in alle

Schritte des Aufbaus des Werks in Tschechien involviert. Aufgrund seiner vielen Tätigkeiten hat er sehr viel Kontakt zu seinen tschechischen Kollegen, auch zu manchen der Qualitätssicherung. Als er seine neue Position übernimmt, herrscht bald eine recht gute Atmosphäre zwischen ihm und den tschechischen Kollegen, und beide Seiten freunden sich zunehmend an. Er ändert an den inhaltlichen Forderungen, wie sie auch Herr B. gestellt hat, nichts, sondern erläutert ebenfalls zum wiederholten Mal diverse Verfahren. Dabei stellt er zu seiner und Herrn B.s Überraschung fest: Je enger der Kontakt wird, umso leichter scheint für ihn seine Aufgabe zu werden und umso schneller übernehmen die tschechischen Kollegen seine Ideen und Anliegen. Selbstverständlich erhält er beispielsweise die Grafiken und keine Auflistungen.

Er versteht das nicht ganz. Wie ist diese Verhaltensänderung zu verstehen?

– Lesen Sie nun die Antwortalternativen nacheinander durch.
– Bestimmen Sie den Erklärungswert jeder Antwortalternative für die gegebene Situation und kreuzen Sie ihn auf der darunter befindlichen Skala entsprechend an. Es ist möglich, dass mehrere Antwortalternativen den gleichen Erklärungswert besitzen.

■ Deutungen

a) Die tschechischen Kollegen der Qualitätssicherung fanden Herrn S. schlichtweg sympathischer als Herrn B. Deshalb machten sie für Herrn S. etwas, was sie für Herrn B. nie getan hätten.

| sehr zutreffend | eher zutreffend | eher nicht zutreffend | nicht zutreffend |

b) Herr S. war immerhin Assistent der Geschäftsleitung! Die hierarchische Position macht den Unterschied.

| sehr zutreffend | eher zutreffend | eher nicht zutreffend | nicht zutreffend |

c) Die Tschechen resignierten nach einiger Zeit. Konnten sie das Ansinnen von Herrn B. noch abwenden, so forderte Herr S. dasselbe von ihnen. Sie sahen, dass ihr Widerstand keinen Sinn hatte, alle Deutschen wollten das so. Sie fügten sich in ihr Schicksal.

sehr	eher	eher nicht	nicht
zutreffend	zutreffend	zutreffend	zutreffend

d) Die Tschechen sahen endlich ein, dass die von den Deutschen vorgeschlagenen Verfahren sinnvoll und gut sind.

sehr	eher	eher nicht	nicht
zutreffend	zutreffend	zutreffend	zutreffend

– Versuchen Sie, Ihre Einstufung jeder Antwortalternative zu begründen. Halten Sie die Begründung in schriftlicher Form stichpunktartig fest.
– Lesen Sie nun die Erläuterungen zu jeder Antwortalternative durch und vergleichen diese mit Ihren eigenen Begründungen.

■ Bedeutungen

Erläuterung zu a):

Genau so ist es! Es gibt nicht nur einen Zusammenhang zwischen der Enge der privaten Beziehung und einer erfolgreichen beruflichen Zusammenarbeit, sondern es ist eine gute persönliche Beziehung oft geradezu eine unabdingbare Voraussetzung für eine gelingende Kooperation. Das Grundmuster, dass Tschechen nach persönlichen Beziehungen suchen, ist bereits vom Kulturstandard »Personorientierung« (vgl. Themenbereich 1) her bekannt. Diese Geschichte setzt quasi noch eins drauf: Die Zuverlässigkeit von Tschechen, der Kooperationswille, die Bereitschaft vereinbarungs- und erwartungsgemäß zu handeln, hängt ebenfalls von der Qualität der Beziehung zwischen den Menschen ab! Man arbeitet unterschiedlich viel und unterschiedlich gut, je nachdem, mit wem man es zu tun hat und wie man diese Person (ein)schätzt. Regeln und Vereinbarungen werden dann eingehalten, wenn man die beteiligte/n Person/en nicht enttäuschen will. Ansonsten dominiert die »Abwertung der Strukturen« (vgl. Themenbereich 2) und eine damit verbundene Wechselhaftigkeit oder Unzuverlässigkeit im Handeln.

Erläuterung zu b):

Es ist nicht von der Hand zu weisen, dass dieser Hintergrund von Herrn S. zu Beginn der Übernahme seiner neuen Aufgabe eine gewisse Rolle spielte und sich die tschechischen Mitarbeiter besonders vorsichtig verhielten, weil sie sich des »kurzen Drahts« von Herrn S. zur Geschäftsleitung bewusst waren (vgl. Themenbereich 1: Beziehungsnetze). Doch das würde noch nicht ausreichen, um seine Erwartungen zunehmend genau zu erfüllen, und man würde sich deshalb auch nicht mit ihm anfreunden.

Erläuterung zu c):

Bis zu einem gewissen Grad trifft auch dieser Aspekt zu. Wenn Deutsche das Vorgehen unbedingt so haben wollen, dann soll es so sein. Doch die tschechischen Kollegen würden mit dieser Haltung niemals Spitzenqualität liefern, sondern allerhöchstens gewisse Mindestanforderungen erfüllen und die in wechselnder Güte (vgl. Themenbereich 2).

Erläuterung zu d):

Diese Möglichkeit trifft eher nicht zu. Diese unter Deutschen so weit verbreitete Hoffnung muss meistens als illusionär zurückgewiesen werden. Für die Tschechen stellt es sich vielmehr so dar, dass ihnen die Deutschen viel erzählen, sie aber nicht glauben, dass das Sinn macht (vgl. Themenbereich 2: Abwertung von Strukturen). Um diese Haltung aufzubrechen und sie zu einer Einhaltung der Strukturen zu bewegen, müssen Anreize auf der Personebene geschaffen werden, das Predigen der Sachebene und der Sachlogik nützt meistens nichts! Das war das Dilemma von Herrn B. Herr S. schaffte es nun, dass die tschechischen Mitarbeiter mit ihm kooperieren, weil sie ihn mögen (!). Auf der Sachebene halten sie unter Umständen seine Wünsche nach wie vor für

Blödsinn. Die sachliche Notwendigkeit der geforderten Grafik beispielsweise spielt einfach keine Rolle! Man erstellt sie für Herrn S. Macht man das aber nun längere Zeit, kann sich durchaus auch die Einstellung auf der Sachebene ändern, weil so das Verfahrens als vorteilhaft erlebt wird. Doch der Einstieg, der Ansatzpunkt zur »Zuverlässigkeit«, der Hebel zur Motivation liegt in der Person des Herrn S. und in der Beziehung zu ihm. Die grafische Darstellung ist zunächst ein (mehr oder weniger schlecht begründeter) Vorschlag auf der Sachebene, dann aber der Wunsch eines guten Freundes. Einem Freund einen Wunsch zu erfüllen gehört sich einfach und zählt ungleich mehr als ein »Sachzwang«.

– Beantworten Sie für sich folgende Frage: Wie würden Sie sich in einer vergleichbaren Situation verhalten?
– Halten Sie Ihre Überlegungen stichpunktartig in schriftlicher Form fest.

■ Lösungsstrategie

Da die Beziehungsebene, da Sympathie und eine angenehme Atmosphäre für Tschechen sehr wichtig sind (vgl. Themenbereich 1: Personorientierung), strengen sie sich auch in ihren Leistungen gegenüber den Personen besonders an, mit denen sie in einer guten und freundlichen Beziehung stehen. Sie richten ihr Pflichtgefühl und ihre Zuverlässigkeit auf konkrete Personen aus. Sie erbringen eine Leistung für jemanden, den sie als nett und sympathisch bezeichnen.

Daher ist es in der Kooperation mit Tschechen wichtig, zuerst Sympathie zu erwecken und eine gute Beziehung aufzubauen. Dann kann die erwünschte Leistung von ihnen sozusagen als »persönlicher Wunsch« erlebt oder von den Deutschen auch als »persönliches Interesse« bezeichnet werden. Es kann nun einfach betont werden, wie wichtig eine bestimmte Leistung ist, und es kann anklingen, dass die Art der künftigen Zusammenarbeit von den Ergebnissen der Arbeit abhängt. Für Tschechen ist das keine »emotionale Erpressung«, sondern es ist für sie ganz normal, dass

Leistung und die zwischenmenschliche Atmosphäre zusammenhängen. – Herrn S. gelang es, das zu vermitteln.

■ Beispiel 8: Vor Weihnachten

■ Situation

Kurz vor Weihnachten gab es in einer Näherei in der Tschechischen Republik Produktionsprobleme. Der Krankenstand lag bei ungefähr 30 Prozent, denn viele Frauen blieben bei ihren kranken Kindern zu Hause. Die Produktion war mit nur 70 Prozent der Belegschaft damit in der Tschechischen Republik nicht mehr realisierbar und der deutsche Geschäftsführer des tschechischen Werkes, Herr S., beschloss zusammen mit dem Management in Deutschland, die Lieferungen, die vor Weihnachten noch fertig werden mussten, in Deutschland zu fertigen. Das erschien einfacher als der umständliche Materialtransport. Dazu sollten tschechische Frauen nach Deutschland ins dortige Werk kommen.

Herr S. ging in die Halle und erklärte den Arbeiterinnen, was er vor hatte. Es sollten für 14 Tage einige von ihnen nach Deutschland kommen und dort das arbeiten, was sie in Tschechien nicht leisten konnten, weil zu viele krank waren. Herr S. teilte mit, er wisse, wie viel in der Zeit vor Weihnachten zu tun sei. Aber er bitte darum, in erster Linie ihm persönlich, aber auch langfristig der Firma zu helfen, denn sonst würde die Firma ihren Lieferverpflichtungen nicht nachkommen und die Folgen, womöglich Kunden zu verlieren, seien nicht absehbar. Die Frauen würden in Deutschland in Pensionen untergebracht, verpflegt und bekämen ein kleines Geschenk zum Dank für ihre Hilfe. Außerdem sei damit eine Lohnerhöhung verbunden. Es meldeten sich spontan etliche Frauen, letztlich 30. In Deutschland lieferten die Frauen gute Arbeit ab, arbeiteten länger als üblich und der gesamte Rückstand konnte aufgeholt werden.

Zurückgekehrt in die Tschechische Republik ging Herr S. wieder in die Halle, bedankte sich öffentlich bei den 30 Frauen und schenkte ihnen Schokolade. Zu seiner allergrößten Überraschung musste er sich seitdem über diese Frauen nicht mehr ärgern: Wenn ein Lieferengpass auftrat, kamen diese Frauen und arbeiteten auch samstags oder machten Überstunden. Die Krankmeldungen gingen massiv zurück. Sogar die Qualität der Produkte stieg. Es ergab sich eine ausgesprochen gute fantastische Zusammenarbeit! Was war der Schlüssel für diese Wende?

– Lesen Sie nun die Antwortalternativen nacheinander durch.
– Bestimmen Sie den Erklärungswert jeder Antwortalternative für die gegebene Situation und kreuzen Sie ihn auf der darunter befindlichen Skala entsprechend an. Es ist möglich, dass mehrere Antwortalternativen den gleichen Erklärungswert besitzen.

■ Deutungen

a) Herr S. hatte eine Bitte geäußert, nicht nur eine Marschroute vorgegeben.

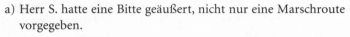

| sehr zutreffend | eher zutreffend | eher nicht zutreffend | nicht zutreffend |

b) Die tschechischen Mitarbeiterinnen hatten die Möglichkeit für einen zusätzlichen Verdienst und das konnten sie gerade vor Weihnachten gut gebrauchen.

| sehr zutreffend | eher zutreffend | eher nicht zutreffend | nicht zutreffend |

c) Das Arbeiten in Deutschland bewies den Näherinnen, dass von ihnen in Tschechien nichts anderes verlangt wird als von den Mitarbeiterinnen in Deutschland. Das stärkte ihr Vertrauen in Herrn S. und in seine Vorgaben und Vorstellungen.

| sehr zutreffend | eher zutreffend | eher nicht zutreffend | nicht zutreffend |

d) Die Arbeiterinnen fühlten sich vor allen Kollegen und Kolleginnen sehr geschmeichelt, dass Herr S. sich bei ihnen öffentlich bedankte und ihnen Schokolade als Geschenk überreichte.

| sehr zutreffend | eher zutreffend | eher nicht zutreffend | nicht zutreffend |

- Versuchen Sie, Ihre Einstufung jeder Antwortalternative zu begründen. Halten Sie die Begründung in schriftlicher Form stichpunktartig fest.
- Lesen Sie nun die Erläuterungen zu jeder Antwortalternative durch und vergleichen diese mit Ihren eigenen Begründungen.

■ Bedeutungen

Erläuterung zu a):
Diese Antwort trifft ins Schwarze: Herr S. bittet um Unterstützung und um persönliche Hilfe. Nicht nur »die Produktion« hat einen Engpass, sondern er selbst weiß nicht, wie er ohne die Hilfe seiner Mitarbeiterinnen seinen Verpflichtungen nachkommen könnte. Dabei zeigt er sich in gewisser Weise einfühlsam: Er versteht die Situation der Frauen vor Weihnachten und kann ihrem Dilemma (Weihnachtsvorbereitungen versus Arbeit) nur seinen Zwiespalt (Nichterfüllung der Verpflichtung gegenüber dem Kunden) gegenüberstellen. Er weist nicht an, sondern spricht »als Mensch« über die Probleme und das, was er sich zur Lösung überlegt hat. Einem solchen Chef müssen die Näherinnen helfen, den können sie nicht einfach links liegen lassen. Tschechisches Pflichtgefühl gilt dem Menschen! Deshalb melden sich sofort einige Frauen.

Erläuterung zu b):
Ja, auch das ist sicher richtig. Außerdem dürfte es langfristig die Motivation, bei dieser Firma zu arbeiten, gestärkt haben, weil hier endlich auch einmal das Lohngefälle zugunsten der Tschechen genutzt wurde! (Das könnte ja wieder einmal passieren).

Erläuterung zu c):
Dieser Faktor darf auf keinen Fall unterschätzt werden. Tschechen sind sich nicht sicher, ob die Art, wie sie von ausländischen

Investoren behandelt werden, fair und partnerschaftlich oder kolonialistisch ist. Vieles, was sie erleben, entspringt tatsächlicher Arroganz und Herrschaftsverhalten, vieles deuten sie aufgrund ihrer eigenen Kultur und Geschichte so (vgl. Themenbereich 8: Schwankende Selbstsicherheit). Nach Deutschland zu kommen und gar hier zu arbeiten, ist deshalb ein sehr wichtiges Korrektiv der Einschätzung der eigenen Situation: Der Lohn war angemessen, die Arbeitsbedingungen waren die gleichen, die Qualitätskriterien genauso hoch – das hatten sie mit eigenen Augen gesehen und selbst erfahren. Sie stellen deshalb die Ansprüche von Herrn S. künftig nicht mehr in Frage (vgl. Themenbereich 2: Abwertung von Strukturen), sondern erzählen ihrerseits den Kolleginnen, alles sei wie in Deutschland und damit in Ordnung und sie werden nicht schlechter behandelt. Ihr stets lauerndes geringes Selbstwertgefühl, das sie durch vermeintliche unfaire Behandlung permanent genährt sahen, wurde neutralisiert (vgl. Themenbereich 8: Schwankende Selbstsicherheit). Für ihre Zuverlässigkeit, ihr Pflicht- und Verantwortungsgefühl heißt das: Sie konnten persönlich wirklich überzeugt werden und werden sich deshalb von nun an an Vorgaben von Herrn S. halten und ihn auch außer der Reihe unterstützen (z. B. durch Überstunden). Diese Antwort erklärt einen Großteil der langfristigen positiven Auswirkungen.

Erläuterung zu d):
Auch das war ein guter Zug im Verhalten von Herrn S. Er wertete damit die Frauen nicht nur öffentlich auf, sondern brachte auch seine echte Wertschätzung zum Ausdruck: Schließlich inszenierte er diesen Dank extra und überlegte, welches Geschenk er ihnen machen sollte. Diese Szene hatte zudem Symbolcharakter für etwas anderes: Herr S. hat alles erfüllt, was er zu Beginn versprochen hat. Ein solcher Mann verdient Vertrauen und auch weiterhin die Unterstützung seiner Mitarbeiterinnen, denn er betrügt und taktiert nicht. Er meint es ehrlich. Einer solchen Person gegenüber verhält man sich selbstverständlich zuverlässig.

■ Kulturelle Verankerung von »Personorientierte Kontrolle«

In der Interaktion mit Tschechen stellt sich für viele Deutsche, ähnlich wie im Beispiel 7 mit der Grafik, immer wieder die Frage, nach der Verankerung des Pflicht- und Verantwortungsgefühls tschechischer Kollegen oder Mitarbeiter. Wann kann man davon ausgehen, dass Vereinbarungen, Normen und Strukturen eingehalten werden?

Tschechen tendieren einerseits dazu, die in einem bestimmten Kontext vorherrschenden generellen Regeln, Normen und Vereinbarungen weniger zu beachten, wenn ihnen das aus Gründen des persönlichen Interesses oder des Interesses anderer opportun erscheint. Andererseits legen sie mehr Wert auf subjektives Wohlbefinden und auf menschliche Beziehungen. Ihr Pflicht- und Verantwortungsgefühl kann daher in der Zusammenschau dieser Aspekte als »personorientierte Kontrolle« definiert werden. Das heißt:

1. Internale Kontrolle, also Selbststeuerung hinsichtlich bestehender äußerer abstrakter Strukturen findet sich:
   a) bei Personen und in Situationen dann, wenn das handelnde Individuum durch die Einhaltung der Struktur ein persönliches Anliegen in eigenem Interesse verfolgt;
   b) wenn sich ein Individuum einer für sie relevanten Person auf einer solch guten und tragfähigen Beziehungsebene verbunden fühlt, dass es diese nicht enttäuschen möchte;
   c) wenn eine hohe Identifikation mit der Sache besteht.
   In diesen Fällen sind also persönliche Motive ausschlaggebend, nicht die Sache! Die Personorientierung ist dominant (vgl. Themenbereich 1: Personenorientierung).
2. Externale Kontrolle, im Sinne von Einhalten von Normen unter dem Zwang äußerer Kontrollinstanzen, dominiert die Sachebene und die sie repräsentierende Struktur in den sonstigen Fällen.

Ein »Pflichtbewusstsein« gegenüber objektiven Regeln, Vereinbarungen und Normen, wie es Deutsche weithin charakterisiert (Schroll-Machl u. Nový 2003, Schroll-Machl 2002), ist wenig ausgeprägt. Wenn oder solange keine oder nur eine zu geringe persönliche Motivation besteht, muss auf der Sachebene external kontrolliert werden! Es gilt: Regeln werden nur respektiert, wenn es vorteilhaft oder unumgänglich ist.

■ Persönliches Anliegen

Voll motiviert und zum Teil sogar über ihre Pflichten hinaus arbeiten Tschechen

- bei persönlichem Interesse, wenn das Handeln der Erreichung eigener, hoch bewerteter Ziele dient,
- wenn sie sich persönlich davon einen Profit versprechen, also etwa wegen einer materiellen oder immateriellen (zusätzlichen) Belohnung,
- wenn sie sich in ihrem Stolz gestärkt sehen,
- wenn sie damit neue und ungewöhnliche Herausforderungen bewältigen und somit ihr Selbstbewusstsein stärken können.

Tschechen sind dagegen oft wenig motiviert, sich um Sachen zu kümmern, die sie oder ihre Arbeit nicht direkt betreffen, für die sie keine Belohnung erhalten oder die keine Sanktionen befürchten lassen.

Weil Tschechen sich auch selbst als Person nicht verleugnen oder spalten wollen (vgl. Themenbereich 5: Diffusion von Lebens- und Persönlichkeitsbereichen), nehmen sie ihre während der Arbeit auftretenden Gefühle ernst. Sie leben viel stärker als Deutsche nach dem Lustprinzip und scheinen von einer Motivation zum Wohlbefinden oder auch, wie sie selbst oft sagen, zur »Bequemlichkeit« bestimmt. Insofern mindern unangenehme Bedingungen die Qualität von Arbeitsergebnissen, und Tschechen suchen gern nach bequemen Wegen zum Ziel. Sie wollen möglichst gute Resultate mit möglichst kleinem Arbeitsaufwand erzielen, das Streben nach der besten Lösung ist (bei hohem Aufwand) gebremster.

Bei allen Handlungen und in allen Zusammenhängen halten Tschechen – wie bereits aus Themenbereich 3: Simultanität bekannt – Augen und Ohren offen, positiv bewertete Chancen, die sich ihnen auftun, wahrzunehmen und sich bietende Gelegenheit zu nutzen. Das bedeutet für eine Kooperation: Das Machbare wird ausgenutzt. Jeder hat für sich das Ziel, seinen Vorteil zu mehren, was gleichbedeutend ist mit »schlau sein«. Dabei wird oft nicht bedacht, was das Ausreizen des Spielraums für den (nicht-nahestehenden) Partner bedeutet, sondern der Handelnde geht bis an die Grenzen des sich ihm gerade bietenden Spielraums. Er hat nicht das Gefühl zu übertreiben, unfair zu sein oder zu betrügen, sondern verfolgt eben seinen eigenen Vorteil (und geht davon aus, dass das der Partner auch tut.)

■ Gute Beziehungsebene

Tschechen kommen Menschen entgegen, nicht Sachzwängen. Sie haben ein »personbezogenes Pflichtbewusstsein«. Sie machen etwas für ihren Chef, für ihren Kollegen. Aber sie machen nichts aufgrund abstrakter Notwendigkeit, beispielsweise weil »etwas so sein soll« oder »weil es die Sache erfordert«.

Und darüber hinaus differenzieren Tschechen ihr Pflichtgefühl noch je nach empfundener Nähe. Für verschiedene Personen gelten unterschiedliche Kriterien der Verbindlichkeit: Einer Person gegenüber, die jemand beispielsweise mag, zeigt er sich sehr zuverlässig, einer anderen Person gegenüber dagegen sehr nachlässig, einer dritten mehr oder weniger zuverlässig, obwohl allen gegenüber objektiv die gleiche Verpflichtung (universelle Norm) besteht. So tun Tschechen viel einer anderen, von ihnen wertgeschätzten Person zuliebe. Das ist im beruflichen Bereich aufgrund der mangelnden Trennung in Person und Rolle (vgl. Themenbereich 5: Diffusion) selbstverständlich der sympathische Chef oder die sympathische Chefin oder es sind angenehme Kollegen. Ist das soziale Klima gut, dann ist mit maximalem Einsatz und maximaler Bereitschaft – unter Umständen bis hin zu Opferbereitschaft – zu rechnen. Besonders deutlich verpflichtend wirken freundschaftliche Beziehungen.

■ Identifikation mit der Sache

Tschechen zweifeln nur dann ihre Arbeit, ihr Ziel und ihren Weg (kurz: die Struktur) nicht an, wenn sie davon selbst überzeugt sind. Das ist der Fall, wenn ihnen klar ist, dass etwas wirklich wichtig und richtig ist. Dann tun sie, was sie können. Der am meisten motivierende Faktor ist dabei neben dem Eigeninteresse (vgl. S. 70, Punkt 1a) die eigene Einsicht, dass eine Sache auf eine bestimmte Art hervorragend (zu machen) ist und dass daher bei der Wahl zwischen verschiedenen Wegen, der beschrittene tatsächlich der beste sei. Dieses Gefühl der Wahlfreiheit zwischen verschiedenen Wegen und der selbstbestimmten Entscheidung dafür ist für eine Identifikation mit der Sache unabdingbar. Manchmal sind Tschechen daher für eine Idee, eine Sache, ein Vorhaben schwerer zu gewinnen als Deutsche. Denn die Person muss wirklich überzeugt (!) sein, eine Sache einzusehen, ist zu wenig.

■ Externale Kontrolle

Wenn nun die geschilderten Umstände nicht zutreffen, dann herrscht wirklich Unzuverlässigkeit, denn Regeln oder Vereinbarungen fühlen sich Tschechen nicht verpflichtet. Gleichgültigkeit oder Desinteresse sind dominierend. Keiner will sich um Dinge kümmern, von denen er selbst oder seine Arbeit nicht direkt betroffen ist oder die keine Belohnung oder Sanktion mit sich bringen. Es bedarf dann eines großen Aufwands an Instrumenten der externalen Kontrolle – von zeitlichen Follow-ups, über dauerndes inhaltliches Nachhaken bis zur Einschaltung von Vorgesetzten aus höheren Hierarchiestufen oder der Anwendung von Sanktionen. Der Verweis auf Normen zur Begründung von gewünschten Verhaltensweisen allein genügt nie.

Mit der externalen Kontrolle auf der Sachebene hängt es auch zusammen, dass in Tschechien die Normalität zwischen Kooperationspartnern und hierarchischen Rängen als Holschuld verstanden wird.

Der Kulturstandard »Personorientierte Kontrolle« gründet in seiner historischen Ausgestaltung ebenfalls auf der Erfahrung, beherrscht zu werden, statt selbst aktiv und initiativ sein zu können (vgl. Schroll-Machl 2001). Das sei am Beispiel der jüngeren Geschichte kurz erläutert: Das Tun und Handeln hatte sich im Sozialismus am System, an der Partei und ihren Normen zu orientieren. Das führte zu einem »Systemkonformismus«: zu tun, was verlangt wurde. Man musste sich mit dem totalitären, sich überall einmischenden, die Menschen entmündigenden System arrangieren und rationalisierte das aus gutem Grund mit allen möglichen Befürchtungen (sonst bekämen die Kinder keinen Studienplatz, erhielte man selbst keine Beförderung, bekäme man keine Wohnung zugewiesen etc.). So entwickelte man ein ausgeprägtes Sensorium für Erwartungen von außen und gab sich dann so konform wie nötig. Die Freiheit zu offener (!) Initiative, zu eigenverantwortlichem, eigenständigen oder problemlösenden Handeln gab es nicht, solche Menschen waren unerwünscht, weil systemgefährdend, und wurden mit Sanktionen belegt. *Aber*: Der gezeigte Konformismus war weithin eine Scheinanpassung, denn eine Identifikation mit dem System und den ideologischen Werten fand nicht statt. Im Gegenteil: Man tat lediglich dem Anschein nach so, als ob man mitmachte, verfolgte aber, wo es ging, seine eigenen Ziele und Interessen und nutzte jede Gelegenheit zum eigenen Vorteil oder dem der Angehörigen. Der Sozialismus lehrte die Menschen (entgegen seinem Anspruch) quasi eine »doppelte Moral«: Zeige dich offiziell konform, um Sanktionen zu entgehen (externale Kontrolle), verfolge aber deine ureigensten Interessen, wie und wo immer du kannst, um die Nachteile des Systems für dich zu kompensieren (internale Kontrolle). Diese Lehre erteilte den Tschechen nicht nur der Sozialismus. Schwejk ist Weltliteratur aus einer anderen Epoche.

Ein Vorteil des tschechischen Musters »personorientierter Kontrolle« liegt darin, dass Tschechen ihre Mitmenschen (wenn sie ihnen sympathisch sind) positiv überraschen können, weil sie mehr tun als vereinbart und erwartet wurde, immer dann, wenn sie hoch motiviert sind. Ein anderer Vorteil besteht in einer gewissen Großzügigkeit bei Fehlern und Störungen: Eine unbeabsichtigte Verletzung von Vereinbarungen, Regeln oder Vorschriften wird leichter nachgesehen und schneller verziehen. Konsequenzen

sind häufig über eine gute Beziehungsebene oder mittels Bekann-
ter zu lösen.

Diese Art von »Freunderlwirtschaft« kann aber auch all ihre
negativen Aspekte entfalten, und die Ethik für Begegnungen im
Rahmen der Wirtschaftszusammenarbeit ist dann eher nicht mit
universellen Spielregeln, wie Fairness oder Chancengleichheit für
Wettbewerber zu beschreiben ist, sondern nährt sich vielmehr
aus eigenem Vorteilsstreben und »Beziehungen«.

■ Themenbereich 5:
Diffusion von Lebens- und Persönlichkeitsbereichen

■ Beispiel 9: Das Vertriebsgespräch

■ Situation

Herr Jünger ist als deutscher Chef eines Vertriebsbereichs relativ neu in Tschechien. Mit seinen tschechischen Mitarbeitern hat er eigentlich ein recht gutes Verhältnis. Vor allem einen, Herrn Smolka, schätzt er fachlich sehr und gab ihm auch schon häufiger ein positives Feedback. Wenn sie sich treffen, reden sie immer miteinander, und gelegentlich erwähnt Herr Smolka das eine oder andere Problem, das er hat, oder er erzählt von Kundenbesuchen und was er dort so tut und erlebt.

Nun ist eine Vierteljahr verstrichen und es müssen Berichte vorgelegt werden. Dabei weist gerade der von Herrn Smolka im Gegensatz zu allen anderen einen größeren Geschäftsrückgang auf. Herr Jünger bittet ihn daher zu sich ins Büro, um mit ihm über dieses schlechte Ergebnis, seine Ursachen und Konsequenzen zu sprechen. Herr Jünger sagt zum Auftakt des Gesprächs, der Einbruch des Geschäfts sei gravierend und sie müssten daher dringend darüber sprechen. Er merkt, wie Herr Smolka bei diesen Worten erschrickt, rot wird und peinlichst betroffen ist. Im weiteren Verlauf sagt er kaum etwas, sondern scheint das Gespräch so schnell wie möglich verlassen zu wollen. Keiner Frage und keinem Argument scheint er mehr zugänglich. Bei der erstmöglichen Gelegenheit beendet er das Gespräch und geht. Seither meidet Herr Smolka jeden Kontakt mit Herrn Jünger und versucht in spontanen »wilden« Aktionen, sein Umsatzergebnis nachzubessern. Das geht natürlich nicht.

Was ist passiert?

– Lesen Sie nun die Antwortalternativen nacheinander durch.
– Bestimmen Sie den Erklärungswert jeder Antwortalternative für die gegebene Situation und kreuzen Sie ihn auf der darunter befindlichen Skala entsprechend an. Es ist möglich, dass mehrere Antwortalternativen den gleichen Erklärungswert besitzen.

■ Deutungen

a) Herr Jünger hat Herrn Smolka völlig überrumpelt in der Art, wie er das Gespräch eröffnet hat. Es gehört sich in Tschechien nicht, ein Gespräch mit etwas Negativem zu beginnen.

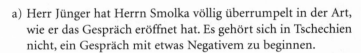

| sehr
zutreffend | eher
zutreffend | eher nicht
zutreffend | nicht
zutreffend |

b) Herr Smolka wusste genau um sein schlechtes Ergebnis. Er dachte aber, aufgrund der guten Beziehung zu Herrn Jünger würde dieser mit ihm nachsichtig sein, und nun ist er beleidigt, dass Herr Jünger an ihn dieselben Maßstäbe anlegt wie an die anderen.

| sehr
zutreffend | eher
zutreffend | eher nicht
zutreffend | nicht
zutreffend |

c) In Tschechien sind Vierteljahresgespräche unbekannt. Herr Smolka konnte damit nichts anfangen und beendete das Treffen schnellstmöglich.

| sehr
zutreffend | eher
zutreffend | eher nicht
zutreffend | nicht
zutreffend |

d) Herr Smolka kannte Herrn Jünger bisher als sympathische Person, mit der man problemlos plaudern kann. Der abrupte Wechsel in die Chefrolle verunsicherte und irritierte ihn nachhaltig.

| sehr
zutreffend | eher
zutreffend | eher nicht
zutreffend | nicht
zutreffend |

- Versuchen Sie, Ihre Einstufung jeder Antwortalternative zu begründen. Halten Sie die Begründung in schriftlicher Form stichpunktartig fest.
- Lesen Sie nun die Erläuterungen zu jeder Antwortalternative durch und vergleichen diese mit Ihren eigenen Begründungen.

◼ Bedeutungen

Erläuterung zu a):

Sicher trifft es zu, dass sich Herr Smolka überrumpelt fühlte. Auch ist es richtig, mit Tschechen Gespräche eher positiv beginnen zu lassen, um eine möglichst gute Atmosphäre herzustellen, und dann erst behutsam zu den kritischen Punkten überzuleiten. Doch der Schock saß bei Herrn Smolka tiefer.

Erläuterung zu b):

Natürlich wusste Herr Smolka um seine rückläufigen Ergebnisse. Es war ja auch immer wieder davon die Rede, wenn er sich mit Herrn Jünger unterhielt. Die Tatsache, von Herrn Jünger angesprochen zu werden, war nicht ausschlaggebend. Auch würde er nicht erwarten, dass Herr Jünger diese Ergebnisse für gut befindet und an ihn keine Anforderungen stellt. Er wollte sich sicher nichts »erschleichen«! Die Kränkung resultierte aus einer anderen Enttäuschung: *dem Wie*.

Erläuterung zu c):

Diese Aussage ist vermutlich richtig. Diverse (formelle) Instrumente der Personalführung sind in Tschechien vielleicht nicht unbekannt, aber doch unbeliebt und deshalb nicht sehr weit verbreitet. Die Einstellung dazu lautet: Wenn man sich kennt und gut zusammenarbeitet, dann begegnet man sich oft genug, um Dinge zu besprechen, die wichtig sind, dann sind offizielle, formelle Einrichtungen wie ein Vierteljahresgespräch überflüssig. Wenn man sich nicht gut kennt und die Zusammenarbeit gestört ist, dann bedarf es anderer Interventionen. Insofern liegt ein Grund für die Überraschung auf Seiten Herrn Smolkas sicher in der Verwendung der Einrichtung »Vierteljahresgespräch«. – Und doch gab etwas anderes den Ausschlag.

Erläuterung zu d):
Diese Erklärung trifft den Kern des Problems. Tschechen nehmen einen anderen Menschen immer als ganzen wahr, nicht einmal in dieser Rolle, ein anderes Mal in dieser Rolle. Es war für Herrn Smolka deshalb geradezu schockierend, dass der nette Herr Jünger plötzlich und scheinbar aus heiterem Himmel den strengen Chef spielte. Einen derartigen Wechsel von der »Person« Jünger in die Rolle des »Vertriebschefs« konnte er nicht nachvollziehen – wozu auch?! Die beiden hatten doch eine gute Beziehung und konnten immer vernünftig miteinander reden! Was sollte diese plötzliche »Vorladung«? Was sollte dieses »Verhör«? Er hatte doch niemals die Probleme kaschiert! Sie waren doch Herrn Jünger nicht wirklich neu, bloß weil sie jetzt im Report stehen! Die einzige, nahe liegende Interpretation, die ihm bleibt, heißt: Herr Jünger ist falsch. Er tat immer nur so, als würde er ihn mögen und schätzen. In Wirklichkeit ist er autoritär. Und wenn er, Herr Smolka, seine Ergebnisse nicht verbessert, dann ist dieser Jünger sicher sogar noch in der Lage, ihm einfach zu kündigen. Das Sicherste ist, ihm künftig aus dem Weg zu gehen, denn einer derart verlogenen Person kann man nicht trauen.

– Beantworten Sie für sich folgende Frage: Wie würden Sie sich in einer vergleichbaren Situation verhalten?
– Halten Sie Ihre Überlegungen stichpunktartig in schriftlicher Form fest.

■ Lösungsstrategie

Grundsätzlich ist es in Tschechien so, dass offizielle Gespräche bei einem formellen Termin Angst bereiten. Das gilt es zunächst einmal zu wissen und darauf muss man vorbereitet sein. Oft sind derartige Gespräche aber unvermeidbar, weil sie zum festen Instrumentarium deutscher Firmen gehören. In diesen Fällen sind folgende Verhaltenshinweise für die deutsche Seite nützlich:

Dem Gesprächspartner ist im Vorfeld die Angst zu nehmen: Es gehe um ein »offizielles Gespräch«, das ab und zu in einer deutschen Firma sein müsse und zu dem man sich demnächst treffen würde (keine Drohgebärde: »Darüber müssen wir sprechen ...«).

Zu Beginn des Gesprächs ist das Szenario zunächst zu erklären. Herr Jünger hätte beispielsweise Herrn Smolka freundlich empfangen, mit ihm ein bisschen plaudern können und ihm dann erläutern sollen, was Vierteljahresgespräche in Deutschland bedeuten, wieso man dieses Instrument generell benutzt und dass auch sie beide deshalb »offiziell« miteinander sprechen werden. Hinzuzufügen ist, dass er ein solches Gespräch als Chef mit allen Mitarbeitern zu führen habe und dass damit in keiner Weise die Beziehung zwischen ihnen beeinträchtigen wird. Gelingt es Herrn Jünger darüber hinaus, die Situation mit etwas Humor zu entspannen, ist das Gespräch für Herrn Smolka einzuordnen und damit gerettet.

Wenn Herr Jünger schließlich »zum Thema« kommt, sollte er in Ruhe und strukturiert nochmals alles sagen: das Gute, das er an Herrn Smolka schätzt, das Problematische sowie seine Absichten, die Analyse der Problemursachen und die Möglichkeiten, dem entgegenzuwirken, damit Herr Smolka so erfolgreich sein kann, wie er es verdient. Während der Analyse der Kritikpunkte ist immer wieder das Positive hervorzuheben, das zu den einzelnen Punkten eben auch gesagt werden kann!

Von entscheidender Wichtigkeit ist es, die Angst möglichst abzubauen und gering zu halten durch Erklärungen der Gesprächsgründe, sowie durch behutsames Problematisieren, sodass sich der tschechische Mitarbeiter nicht persönlich angegriffen fühlt, sondern merkt, dass es dem Deutschen um die Sachebene geht. Und das Beste ist, Hilfe anzubieten beim Lösen der Probleme.

■ Beispiel 10: Die Bitte um Feedback

■ Situation

Ein deutscher Manager ist bereits seit acht Monaten in Tschechien. Er ist mit seinem überwiegend tschechischen Vertriebsteam bei einem Workshop und bittet dort im Rahmen einer Übung seine Mitarbeiter um ein Feedback. Die Tschechen jedoch schweigen eisern und beharrlich – auch auf sein Nachfragen hin. Er bittet noch einmal eindringlich, dass sich doch gerade die Tschechen äußern möchten, ihm sei sehr an einem guten Verhältnis zu ihnen gelegen und dafür sei ihr Feedback entscheidend. – Schweigen. Nach ein paar intensiven Sekunden sagt eine tschechische Managerin: »Aber Herr M., was sollen wir denn sagen? Wir kennen Sie doch so gut wie nicht, Sie sind doch erst acht Monate hier.« Herr M. schluckt und meint, acht Monate seien doch nicht so wenig. Irgendetwas könnten sie doch sicher über ihn und seinen Führungsstil sagen. – Schweigen. Jetzt antwortet wieder dieselbe tschechische Managerin: »Ja, jetzt fällt mir etwas ein. Als wir vor sechs Wochen in unser neues Büro umgezogen sind, sind Sie am Samstag mit Ihrer Familie in die neuen Räume gekommen und haben sie Ihren drei Söhnen und Ihrer Frau gezeigt. Sie wussten nicht, dass ich auch da war. Aber ich hörte, wie Sie voller Stolz Ihr Büro hergezeigt haben, wie Sie den Kindern erklärt haben, was Sie hier machen und wie Sie hier arbeiten. Und Sie haben wirklich positiv über alles und alle gesprochen, und Sie haben wirklich freundlich mit Ihren Kindern geredet. Das hat mir gefallen.« Daraufhin meldet sich ein anderer tschechischer Mitarbeiter zu Wort: »Stimmt, ich habe Sie einmal im Park mit Ihrem kleinsten Sohn gesehen. Auch da waren Sie sehr liebevoll mit ihm. Sie haben mich nicht gesehen, aber ich hatte den Eindruck, Sie sind ein guter Mensch.« Herr M. bedankt sich für diese zwei Äußerungen und fragt, ob man ihm vielleicht auch zu seiner Arbeit etwas rückmelden könnte. Doch er bekommt wieder zur Antwort: Da könne man nichts sagen, da habe man noch zu wenig Erfahrung mit ihm.

Wie bitte? fragt sich Herr M., und das nach acht Monaten? Wie ist das Feedback zu deuten?

– Lesen Sie nun die Antwortalternativen nacheinander durch.
– Bestimmen Sie den Erklärungswert jeder Antwortalternative für die gegebene Situation und kreuzen Sie ihn auf der darunter befindlichen Skala entsprechend an. Es ist möglich, dass mehrere Antwortalternativen den gleichen Erklärungswert besitzen.

■ Deutungen

a) Authentizität ist der Schlüssel in tschechischen Augen, um Menschen beurteilen zu können. Die Gelegenheiten, jemanden daraufhin überprüfen zu können, sind rar. Daher konnten die tschechischen Mitarbeiter wirklich nur ein spärliches Feedback geben.

| sehr zutreffend | eher zutreffend | eher nicht zutreffend | nicht zutreffend |

b) Die Situation während des Workshops war den tschechischen Mitarbeitern extrem unangenehm: Offiziell und vor allen ihre Meinung zu sagen, das wollten sie nicht. Deshalb schwiegen sie.

| sehr zutreffend | eher zutreffend | eher nicht zutreffend | nicht zutreffend |

c) Tschechen brauchen lange, um mit anderen Menschen warm zu werden. Acht Monate sind für sie objektiv zu kurz.

| sehr zutreffend | eher zutreffend | eher nicht zutreffend | nicht zutreffend |

d) Einem Chef gibt man kein Feedback. Was sollte dieses Ansinnen?

| sehr zutreffend | eher zutreffend | eher nicht zutreffend | nicht zutreffend |

– Versuchen Sie, Ihre Einstufung jeder Antwortalternative zu begründen. Halten Sie die Begründung in schriftlicher Form stichpunktartig fest.
– Lesen Sie nun die Erläuterungen zu jeder Antwortalternative durch und vergleichen diese mit Ihren eigenen Begründungen.

■ Bedeutungen

Erläuterung zu a):
Diese Antwort ist absolut richtig. Herr M. war zwar schon acht Monate im Amt, doch es ist durchaus möglich, dass er seinen Mitarbeitern bislang nur seine offizielle, formelle Seite gezeigt hat, seine rollenkonforme Fassade. Was sich dahinter verbirgt, wie Herr M. »in Wirklichkeit« ist, das erfuhren sie bislang nicht. In dieser Hinsicht sind Tschechen tendenziell misstrauisch: Sagen kann jemand viel, spielen kann jemand perfekt; doch vertrauen kann man einem Menschen erst, wenn man weiß, dass er keine Show abzieht. Und die einzige Umgebung, in der man sicher sein kann, dass jemand so ist, wie er ist, und dass jemand es wirklich gut meint, ist dessen eigene Familie. Insofern bezog sich das sehr aufrichtig gemeinte Feedback auch auf zwei Situationen, in denen Herr M. sich im Kreis seiner Familie unbeobachtet wähnte. Weil in tschechischen Augen eine Person eben die Person ist, die sie ist, und ihr Privatleben mit dem Berufsleben zusammenhängt, kann in einer Situation, in der diese Person sich sicher nicht verstellt, eine Prüfung der Gesamtpersönlichkeit vorgenommen werden quer durch ihre verschiedenen Lebensbereiche. Auf mehrere derartige Prüfungen kann man dann sein Urteil bauen.

Erläuterung zu b):
Ein Workshop wie dieser ist für tschechische Mitarbeiter sicherlich eine wesentlich unangenehmere und bedrohlichere Situation als für Deutsche. Sie sind nämlich grundsätzlich eher skeptisch gegenüber formellen Meetings aller Art. Was sind die wahren Intentionen? Werden hier geäußerte Informationen sich nicht nachteilig auswirken? Muss es sein, dass alle auf diese Weise alles erfahren? Für Tschechen ist es wesentlich leichter, sich informell auszutauschen. Hier besprechen sie, wenn sie sich in einer sicheren Beziehung fühlen, alles, was ihnen wichtig ist oder bedeutsam erscheint.

Erläuterung zu c):
Diese Antwort ist nicht richtig. Es ist nicht schwer, mit Tschechen Kontakt aufzubauen. Und das Warm-Werden geht (bei Sympa-

thie) sogar schneller aufgrund der Tatsache, dass bei Tschechen Gefühle ständig präsenter sind als bei Deutschen, die Gefühle beruflich sehr oft schlichtweg ausblenden.

Erläuterung zu d):
Explizites Feedback ist in Tschechien eher unüblich, ganz besonders gegenüber einem Chef. Insofern konnten sie mit dieser Frage von Herrn M. sicherlich wenig anfangen. Positives wie negatives Feedback geben Tschechen implizit, durch nonverbale Signale (vgl. Themenbereich 6: Starker Kontext). Diese Antwort erklärt tatsächlich einen Teil des Schweigens. Doch sie trägt nichts zur Erhellung der Antworten bei, die Herr M. dann erhielt.

– Beantworten Sie für sich folgende Frage: Wie würden Sie sich in einer vergleichbaren Situation verhalten?
– Halten Sie Ihre Überlegungen stichpunktartig in schriftlicher Form fest.

■ Lösungsstrategie

Die Lösungsstrategie für diese Situation ist denkbar einfach: Herr M. sollte damit rechnen, dass die Authentizität seines Verhaltens für den Aufbau von Vertrauen und für die Grundlegung einer guten Arbeitsbeziehung umfassende Bedeutung hat. Er sollte wissen, dass in tschechischen Augen sämtliche Lebensbereiche einer Person untrennbar zusammenhängen und deshalb sein Tun in allen Lebensbereichen in einem viel stärkeren Ausmaß beobachtet und wahrgenommen wird, als er das von Deutschland her gewohnt ist. Das Urteil über eine Person ist dann umfassender und endgültiger.

Jedem ist dringend davon abzuraten, Tschechen etwas vorzuspielen. Der Spürsinn wird bei entsprechenden Verdachtsmomenten geradezu geweckt und Misstrauen auf den Plan gerufen. Vorsicht ist auch bei der starken Betonung einzelner zur Rolle gehöriger Elemente angebracht (vgl. Beispiel 9).

Günstig ist es dagegen, diverse Facetten seiner Persönlichkeit offen zu zeigen und Einblick in verschiedene eigene Lebensbereiche zu gewähren. Am besten kommen Menschen an, die sich ihren tschechischen Kollegen und Mitarbeitern ohne Scheu als ganze Person zeigen.

■ Kulturelle Verankerung von »Diffusion von Lebens- und Persönlichkeitsbereichen«

Kulturen lassen sich in »spezifische« und »diffuse« einteilen. Damit wird das Maß der Betroffenheit im Umgang mit anderen Menschen bezeichnet, das heißt es wird erfasst, ob man Menschen in »spezifischen« Lebensbereichen und Aspekten ihrer Persönlichkeit begegnet oder ob man ihnen eher ganzheitlich, im Sinne von »diffus« gegenübertritt. Im ersteren Fall sind die Lebens- und Persönlichkeitsbereiche analog einer biologischen Zellwand relativ undurchlässig und getrennt, im zweiten Fall jedoch hochgradig durchlässig (Trompenaars 1993). Während Deutsche die Persönlichkeitsbereiche »Emotionalität – Rationalität« sowie die Lebensbereiche »Rolle – Person«, »Beruf – Privatheit« und »formelle – informelle Strukturen« trennen (Schroll-Machl u. Nový 2000), zeigen Tschechen deutliche Merkmale der Diffusion – und zwar in allen Stadien von Nähe und Bekanntschaft. Was damit gemeint ist, wird im Folgenden näher erläutert.

■ Rolle – Person

Herr Jünger nahm eine Trennung der Sphären Person (bei zufälligen Gesprächen) und Rolle (Chef) vor und genau das irritierte Herrn Smolka nachhaltig: Man trifft doch auf ganz konkrete Menschen, nicht auf reine Funktionsträger, betonen Tschechen. Soziale Rollen sind ihnen zu wenig und sie empfinden sie als einengend. Die gesamte »Persönlichkeit« ist für Beziehungen zwischen Menschen ausschlaggebend und die Persönlichkeit des Gegenübers, keinesfalls nur seine Funktion, ist in ihren Augen entscheidend, was die Zukunft der potenziellen Kooperation angeht. Beschränkt sich nun jemand auf seine Rolle, so ist das für Tschechen höchst ungewohnt und verunsichert sie.

So geben Tschechen ihrer beruflichen Rolle eine individuelle Note – mit all den positiven und negativen Seiten als Person, also ihren Eigenarten, Vorlieben und Abneigungen. Die Stimmungsschwankungen, Sorgen, Freuden des Einzelnen jenseits der Rolle sind deutlicher spürbar als bei Deutschen. Persönliche Meinungen gelten als durchaus legitime Diskussionsbeiträge und gehen in die Entscheidungen mit ein. In jeder Interaktion möchte man mit einem »Menschen« sprechen, am liebsten mit einem freundlichen und humorvollen.

Mancher erlaubt es sich auch, die Einnahme einer Rolle beizeiten zu verweigern und nicht zu tun, was aufgrund des Klischees erwartet werden würde. »Ich bin eben so. So muss man mich nehmen« lautet die tschechische Begründung. Für manche Tschechen besteht beispielsweise in der Rolle des Chefs der alles andere in den Schatten stellende Reiz der Position (»Ich bin wichtig«). Bei vielen Entscheidungen sieht ein tschechischer Mitarbeiter nicht nur die Sache, sondern bedenkt seine persönliche Situation mit. Andererseits sind Tschechen auch eher einmal zur Überschreitung ihrer Kompetenz bereit und tun mehr als sie gemäß ihrer Rolle tun sollten, wenn sie hoch motiviert sind.

In Präsentationen und Vorträgen schätzen Tschechen es, wenn die Person des Redners durchschimmert. Eine Mischung aus persönlichen, sachlichen und humorvollen Passagen kommt besonders gut an.

Im Chef-Mitarbeiter-Verhältnis fällt auf, dass viele (gute) tschechische Chefs mit ihren Mitarbeitern per du sind und mit ihnen ein sehr kameradschaftlich anmutendes Verhältnis pflegen. Die hierarchischen Grenzen erscheinen in dieser Hinsicht nicht so scharf gezogen wie bei Deutschen, denn man begegnet sich nicht nur in Rollen. Die Beziehungen zwischen einem Chef und seinen Mitarbeitern sollen gut sein; miteinander zu trinken und zu feiern, ist ein Schritt dazu. Lässt sich ein Chef nicht auf diese Beziehungsebene ein, dann muss er fachlich sehr überzeugen, um anerkannt zu werden. Nur dann, so formulieren es Tschechen, »verzeihen« ihm seine Mitarbeiter dieses »schlechte« persönliche Verhalten. – Diese kollegiale Ebene beeinträchtigt aber nicht den Respekt vor der Position und der damit verbundenen Rolle!

■ Beruf – Privatheit

Tschechen trennen auch die Bereiche »Beruf« und »Privatheit« weit weniger als Deutsche. Das bekam Herr M. zu spüren. Im Einklang mit der hohen Personorientierung (vgl. Themenbereich 1) nehmen sich Tschechen beispielsweise mehr Zeit für die Kontaktpflege während der Arbeit. Dabei beschränken sich die Gespräche aber keinesfalls auf berufliche oder berufsnahe Themen, sondern umfassen alles, was die Gesprächspartner gerade bewegt. Mit Geschäftspartnern geht man natürlich essen – notfalls auf eigene Rechnung; so viel Zeit und Geld muss vorhanden sein.

Während der Arbeitszeit wird nicht immer voll konzentriert gearbeitet, sondern es gibt auch Erholungszeiten. Dafür nimmt sich ein Mitarbeiter unter Umständen aber auch Arbeit mit nach Hause oder in den Urlaub, weil er sein Pensum nicht geschafft hat. In der Freizeit sprechen Tschechen außerdem viel über die Arbeit und nutzen sie zu beruflich dienlichen (informellen) Kontakten.

Überhaupt ist es üblich, Freundschaftskontakte beruflich zu nutzen und Bekanntschaften vom Beruf mit ins Privatleben zu nehmen. Es ist somit für einen Deutschen ratsam, gute (private) Kontakte zu Schlüsselpersonen im Berufsleben aufzubauen, um sich eine wesentliche Voraussetzung für Kooperation zu schaffen.

■ Emotional – rational

Gefühle, Empfindungen und Stimmungen sind auch im Geschäftsleben spürbar. Der Anspruch, dass hier Rationalität dominieren sollte, besteht weit weniger als in Deutschland. So sind beispielsweise Entscheidungen oft von emotionalen Kriterien motiviert und rationale stehen erkennbar hintan. Fragen nach dem Nutzen für die eigene Person, nach dem zu erwartenden Wohlbefinden oder nach den potenziellen Geschäftspartnern können die nach rationalen Vor- und Nachteilen und sachlicher Zweckmäßigkeit deutlich in die zweite Reihe verweisen. Grundsätzlich kann gesagt werden, dass emotional gefärbte Begründungen und Argumente mit rationalen gemischt werden und dasselbe Gewicht erhalten, was nicht als störend, sondern als wichtig und »ganz normal« empfunden wird. So bewegt auch manches, was Deutsche als konstruktive Sachauseinandersetzung wahrnehmen, aufgrund derer man bereits aufeinander zugehen könnte, Tschechen noch nicht zu Kompromissen, wenn ihr Gefühl noch skeptisch ist.

Beleidigt sein und sich beleidigen spielt in den Beziehungen am Arbeitsplatz eine große Rolle. Vieles, was für deutsches Empfinden inhaltlich klar der Sachebene zugehört und daher mit dem Persönlichkeitsbereich »Rationalität« bearbeitet werden kann, verletzt in Tschechien die persönlichen Gefühle. Die Vermischung dieser Bereiche bedeutet für Tschechen auch, dass mit Kritik und Konflikten nur sehr schwer umzugehen ist. Sie fühlen sich stets als gesamte Person betroffen (vgl. Themenbereich 7: Konfliktvermeidung). – Das war auch das Problem von Herrn Smolka: Er konnte nicht trennen zwischen einer sachlichen Analyse des Geschäftsrückgangs in seinem Bereich und der Verletzungen, die das für ihn mit sich brachte.

■ Formelle – informell Strukturen

Tschechen vermischen außerdem formelle und informelle Strukturen (vgl. Beispiel 6). Formelle Strukturen sind für das, was bis zu einem gewissen Grad natürlich das gesellschaftliche Miteinander repräsentiert, aber das »Eigentliche« spielt sich für sie in informellen Zusammenhängen ab. Den permanenten Wechsel zwischen diesen beiden Ebenen, müssen Deutsche erst verstehen und lernen mitzuspielen.

Informelle Gruppen spielen für Tschechen eine entscheidende Rolle: An diesen Orten genießen sie zum einen die angenehmere Atmosphäre und nutzen Begegnungen als Möglichkeit, gute Beziehungen zueinander zu pflegen. Zum anderen findet dort die tschechische Form von Mitbestimmung statt, denn hier »redet man miteinander«, hier spricht man sich ab, hier herrscht weit reichende Offenheit im Meinungsaustausch. Eine Führungskraft sucht und findet hier Unterstützung zur Durchsetzung von Entscheidungen, zur Nutzung von Ressourcen, zur Gewinnung und Ausübung von Macht. In informellen Kanälen werden die Meinungen der Mitarbeiter erfragt und ausgelotet; hier lassen sich Vorbehalte klären und die Zustimmung zum jeweiligen Vorhaben erwirken. Konfrontationen oder Konflikte bei offiziellen Sitzungen lassen sich vermeiden, weil ein (guter) tschechischer Vorgesetzter sich in informellen Gesprächen bereits ein Bild von den Einstellungen seiner Mitarbeiter macht, ihre Vorbehalte minimiert und sich ihre Zustimmung zu seiner Idee holt. Darüber hinaus verhindert die Unterstützung seiner offiziellen Entscheidung durch die Mitarbeiter einen späteren möglichen Widerstand. – Die informellen Vereinbarungen sind somit auch wichtiger als das, was in formellen Meetings geschieht, in denen sozusagen nur noch das vollzogen wird, was man zuvor vereinbart hat.

Entscheidungsfindungsprozesse laufen in Tschechien charakteristischerweise so:

- Auf informellen Kanälen werden Entscheidungen vorbereitet.
- Entscheidungen werden dann auf der entsprechenden Hierarchiestufe »formell« getroffen.
- Offizielle Gruppensitzungen verlaufen nicht kontrovers, da die entscheidenden Punkte informell vorbesprochen wurden.
- Probleme werden in informellen Gesprächen zu bereinigen versucht. Offiziell kann es den Anschein haben, dass sie totgeschwiegen werden.
- Auch eine Verhandlung, eine persönlich wichtige Entscheidung, die Klärung einer drängenden Sachfrage wird als einfacher, schneller und angenehmer erlebt, wenn die Beteiligten bei einem »Bierchen« zusammensitzen.

Formelle Kommunikations- und Informationsstrukturen, wie etwa das Berichtswesen, werden vor allem bei Konflikten, Störungen oder Kämpfen eingeschaltet. Wenn alles gut läuft, dann sind solche Strukturen nicht erforderlich – so die Einstellung der Tschechen, dann ist es ja möglich, »miteinander zu reden«. – Genau diese Einstellung hatte auch Herr Smolka und daher erlebte er Herrn Jüngers »Vierteljahresgespräch« nicht bloß als sonderbar, sondern als höchst bedrohlich.

Kurzum: Informell mitgeteilte Informationen sind genauso wichtig wie formell geäußerte. Oder mit anderen Worten: Alles, was wichtig ist, wird informell besprochen! – Außerdem rechnet ein tschechischer Mitarbeiter damit, dass die formellen Kanäle ohnehin nicht funktionieren. – Dennoch sei für Deutsche an dieser Stelle noch eine Warnung ausgesprochen: Was informell gesagt wird, soll natürlich die Handlungsebene beeinflussen, aber es braucht und darf nicht formell und »offiziell« ausgesprochen oder wiederholt werden, schon gar nicht mit Namensnennung. Solch ein Vorgehen wäre dann schnell peinlich und käme Denunziation gleich!

Außenstehenden erscheinen die zahlreichen informellen Kontakte wie »Geheimzirkel« oder »Seilschaften«. Um so mehr als sie quer durch die Hierarchiestufen, Abteilungen, Firmen, Parteien und weltanschauliche Gruppierungen gehen, denn überall sitzen Kameraden und Freunde. Somit verfügen Tschechen über ein weit verzweigtes informelles Beziehungsnetz, das sie pflegen – und wenn das nur durch eine weihnachtliche Grußkarte geschieht. Bereits lockere Kontakte eröffnen Tschechen untereinander viele Chancen. Sie reichen bereits als Basis aus, um sich gegenseitig (kleine) Gefallen zu tun.

Zur Diffusion von Lebens- und Persönlichkeitsbereichen ist generell zu sagen: Sie ist für Tschechen das Synonym für menschliche Ehrlichkeit, Zuverlässigkeit und Vertrauenswürdigkeit. Erleben sie jemanden, der sich darauf einlässt, und können sie Erfahrungen mit einem Menschen in diversen Situationen machen, dann festigt sich ihre Einschätzung dieser Person und ihr Vertrauen zu ihr kann wachsen im Sinne des Gefühls: Ich weiß, was ich von ihm oder ihr erwarten kann. Nur dann kann das anfängliches Misstrauen, das sie jedem Fremden gegenüber an den Tag legen, (nach der emotional geprägten Beurteilung als sympathisch) zunehmender Nähe und Vertrautheit weichen. – Das war das Problem, das die tschechischen Mitarbeiter mit Herrn M. hatten: Bislang hatten sie zu wenige Überschneidungen von Lebens- und Persönlichkeitsbereichen erlebt als dass sie sich ihrer Einschätzung hätten sicher sein können.

Historisch gesehen spielt in diesem Zusammenhang wieder das Leben in einem totalitären (absolutistischen und kommunistischen) Regime die wesentliche Rolle (vgl. Schroll-Machl 2001): Es entwickelte sich eine Art Flucht ins Private (»Privatismus«), eine Orientierung auf Familie und Freunde als Gegenreaktion auf den Zwang zur Systemkonformität, auf den geringen Handlungsspielraum und die Widersprüche der Ideologie im Alltag, und Emotionales, Persönliches, Privates durchdrang das alltägliche Miteinander von Kollegen, Bekannten und anerkannten eigenen »Führern«. »Offiziell«, also gegenüber Systemrepräsentanten, hatte man sich konform zu geben, schließlich stand die offizielle Ebene in vielen Fällen für Herrscher, Besatzer, Kollaborateure. Positives war von ihnen nicht zu erwarten – ein Fakt, das bis heute mit »Rolle« assoziiert wird. Tatsächlich überlebenswichtig waren unter autoritären staatlichen Strukturen die informellen: Nur hier konnte man sich sicher fühlen, in seiner Meinungsäußerung offen sein und das eigene Improvisationstalent zur Erlangung wichtiger Informationen, Dienstleistungen oder Güter einsetzen. In informellen Strukturen spielte sich der Großteil des »eigentlichen« Lebens ab, und hier war selbstverständlich wieder Emotionales, Persönliches, Privates erwünscht.

Die Vorteile von »Diffusion« liegen – wie beim Kulturstandard »Personorientierung« – in einer häufig angenehmen zwischenmenschlichen Atmosphäre, wenn sich die Beteiligten verstehen.

Die Nachteile sind darin zu sehen, dass »Diffusion« auch negativen menschlichen Seiten mehr Raum gibt: Neid, Missgunst, Intrigen, Ausspielen von anderen oder Ausreizen des individuellen Spielraums für Eigeninteressen. Andererseits wirkt Verständnis, Rücksicht, Einfühlsamkeit in Mitmenschen einer harten, fordernden Haltung entgegen und verhindert die Einlösung manchen Effizienzanspruchs.

■ Themenbereich 6:
Starker Kontext

■ Beispiel 11: Die Waschanlage

■ Situation

Ein deutscher Expatriate ist noch relativ neu an seiner Arbeitsstelle in Tschechien. Er möchte nach Dienstschluss seinen Wagen waschen lassen und fragt deshalb einen tschechischen Kollegen nach einer Waschanlage. Der tschechische Kollege wendet sich dem Deutschen zu und erklärt: Ja, es gebe in diesem Ort vier Waschanlagen. Die eine sei einer Tankstelle angeschlossen, liege am anderen Ende des Ortes, hätte aber alte Bürsten, die den Lack leicht verkratzen würden, jedoch eine recht hilfsbereite Bedienung. Die zweite sei ganz in der Nähe, er müsse nur aus dem Parkplatz raus immer gerade bis zur zweiten Ampel fahren, gegenüber dem Supermarkt sei dann diese Waschanlage. Hier gebe es ein gutes Wachsprogramm. Die dritte habe sehr günstige Öffnungszeiten, da könne er abends auch spät noch vorbeikommen, der Inhaber sei . . . Und die vierte, die sei wirklich schlecht, denn da habe sein Bruder einmal . . . Der Deutsche sitzt mindestens zehn Minuten und lauscht dem detaillierten Vortrag über die Autowaschanlagen des Ortes. Er bedauert es bereits, diesen Kollegen gefragt zu haben, und will gerade fragen, wohin dieser denn mit seinem Wagen fahre, als er hört: »Ich würde Ihnen die zweite empfehlen, weil . . .« Und dann beschreibt er ihm nochmals genau den Weg. Endlich! Der Deutsche wollte eigentlich nur hören: Wenn Sie eine gute Waschanlage suchen, dann fahren Sie da und dort lang. Die Anlage ist bis so und so viel Uhr geöffnet.

Warum erzählt ihm der tschechische Kollege derart langatmig unwichtige Details, statt ihm eine klare Auskunft zu geben?

– Lesen Sie nun die Antwortalternativen nacheinander durch.
– Bestimmen Sie den Erklärungswert jeder Antwortalternative für die gegebene Situation und kreuzen Sie ihn auf der darunter befindlichen Skala entsprechend an. Es ist möglich, dass mehrere Antwortalternativen den gleichen Erklärungswert besitzen.

■ Deutungen

a) Tschechen reden viel, sie sind kommunikative Menschen.

b) Der tschechische Mitarbeiter wollte seinen deutschen Kollegen gründlich und umfassend informieren.

c) Die Frage nach der Waschanlage stellte für den tschechischen Mitarbeiter eine gute Gelegenheit dar, sich mit seinem neuen deutschen Kollegen einmal länger zu unterhalten.

d) Der tschechische Kollege wollte dem Deutschen imponieren, wie gut er sich auskannte.

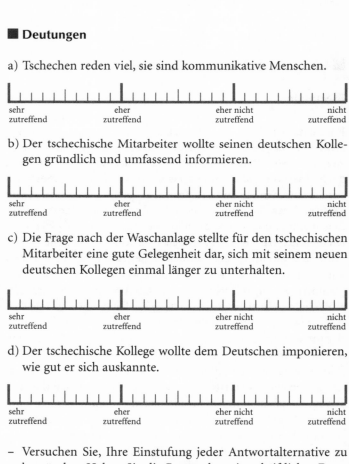

– Versuchen Sie, Ihre Einstufung jeder Antwortalternative zu begründen. Halten Sie die Begründung in schriftlicher Form stichpunktartig fest.
– Lesen Sie nun die Erläuterungen zu jeder Antwortalternative durch und vergleichen diese mit Ihren eigenen Begründungen.

■ Bedeutungen

Erläuterung zu a):
Diese Antwort ist in folgender Hinsicht richtig: Tschechen sind gute Beziehungen zu ihren Mitmenschen wichtig und insofern unterhalten sie sich im Allgemeinen auch gern, um Kontakte zu pflegen (vgl. Themenbereich 1: Personenorientierung). Tschechen werden allerdings von Deutschen nicht als permanente Vielredner empfunden, sondern nur in bestimmten Situationen, wie beispielsweise der hier geschilderten. Diese Feststellung ist also nicht ausreichend, um das Warum in eben dieser Situation zu erklären.

Erläuterung zu b):
Das trifft voll und ganz zu. Der tschechische Mitarbeiter wusste, dass der Deutsche ganz neu ist und fast nichts über den Ort und das Leben hier wissen kann. Deshalb wollte er hilfsbereit sein und auf die Frage eine umfassende Antwort geben. Ihm nur zu sagen, er solle in eine bestimmte Waschanlage fahren, wäre in seinen Augen keine wirkliche Information gewesen, sondern hätte ihn mangels Wissen um die Hintergründe, weswegen er eben diese Waschanlage empfiehlt, sozusagen dumm gelassen. Der Neue muss sich doch auskennen und orientiert sein, was er wie und warum machen soll! Eine umfassende Information, die eben auch einen breiten Kontext für die Einzelheiten beinhaltet, wird es dem tschechischen Mitarbeiter zudem erlauben, künftig sehr einfach weitere Informationen mitzuteilen (»Sie wissen ja, der Besitzer der Waschanlage ...«). Hätte der Deutsche den Tschechen einfach unterbrochen und ihn sozusagen gezwungen, auf den Punkt zu kommen, hätte das wiederum das Klischee der Tschechen über die Deutschen genährt: Deutsche sind zu zielstrebig und ignorieren dabei viele wichtige Dinge. »Befehle« sind eben der Kommunikationsstil, den sie scheinbar gewohnt sind.

Erläuterung zu c):
Oh ja! Die Gelegenheiten, wie man sich kennen lernt und sich nach und nach näher kommt, müssen nur ergriffen werden. Das Miteinander-Leben verbindet. Auf diese Weise kann man Infor-

mationen austauschen, einiges übereinander erfahren (z. B. dass der Tscheche einen Bruder hat, der . . ., oder welches Auto man fährt, oder wo ein Supermarkt ist und so weiter), und man hat dadurch viele Anknüpfungspunkte für spätere Kontakte. Niemand braucht mehr um ein Gesprächsthema verlegen zu sein, dazu erzählte man sich bereits zu viele Dinge, die leicht und unverfänglich jederzeit wieder aufgegriffen werden können, wenn man ein Gespräch beginnen will. Aus tschechischer Sicht ist jedes beliebige Thema geeignet, Informationen über den anderen zu bekommen, Informationen über sich selbst zu geben, eine Basis für künftige Begegnungen zu begründen und eine Beziehung zu stiften. Die vielen Informationen dienen also nicht nur der Sache, sondern dem Beziehungsaufbau (vgl. Themenbereich 1: Personorientierung).

Erläuterung zu d):
Darum ging es dem tschechischen Kollegen nicht. Es ist sowieso klar, dass er in seinem Heimatort besser Bescheid weiß als der Deutsche. Diese Situation entbehrt damit jeder Grundlage für ein mögliches Konkurrieren zwischen den beiden.

- Beantworten Sie für sich folgende Frage: Wie würden Sie sich in einer vergleichbaren Situation verhalten?
- Halten Sie Ihre Überlegungen stichpunktartig in schriftlicher Form fest.

■ Lösungsstrategie

Am besten ist es natürlich, diese Form der Kommunikation richtig interpretieren zu können, sodass ein Deutscher sie nicht nur über sich ergehen lassen muss, sondern die darin enthaltenen Botschaften wahrnimmt, um sie ein anderes Mal auch aufgreifen zu können.

Wenn jemand aber wirklich einmal keine Zeit oder keine Lust zu einer derartigen längeren Unterhaltung hat, ist das bitte vorsichtig und diplomatisch mitzuteilen. Sagen Sie einfach, dass Sie leider gerade jetzt für ein angenehmes Gespräch keine Zeit haben (nicht, dass Sie keine Lust haben!), aber später gern an weiteren Informationen interessiert wären. Bitten Sie darum, Ihnen für den Moment beispielsweise einfach mitzuteilen, wo sich denn die nächstgelegene Waschanlage befinde.

■ Beispiel 12: Die Kündigung

■ Situation

In einer deutschen Bank in Prag ist ein Abteilungschef völlig vor den Kopf gestoßen: Er hatte einen sehr guten tschechischen Mitarbeiter, mit dem er, seinem Gefühl nach, immer gut zusammengearbeitet hat. Dieser war soeben bei ihm, um ihm seine Kündigung mitzuteilen. Auf seine Fragen, warum und weshalb er denn um Gottes willen gehen wolle, erhielt er nur ausweichende Antworten.

Der Abteilungsleiter ruft den Personalchef an, ebenfalls ein Deutscher, und erfährt von ihm, dass derartige Vorfälle zum normalen Umgangston der tschechischen Mitarbeiter gehören: Man geht ohne Vorwarnung, ohne Gespräche, ohne dem Arbeitgeber die Chance zu geben, ein Gegenangebot zu unterbreiten. Und man hat in keinem Fall vorher in irgendeiner Weise dem Vorgesetzten gegenüber Unzufriedenheit geäußert. Wenn überhaupt, werden die Kündigungen mit mehr Gehalt beim neuen Arbeitgeber begründet.

Können Sie dem deutschen Chef dieses Verhalten des tschechischen Mitarbeiters erklären?

– Lesen Sie nun die Antwortalternativen nacheinander durch.
– Bestimmen Sie den Erklärungswert jeder Antwortalternative für die gegebene Situation und kreuzen Sie ihn auf der darunter befindlichen Skala entsprechend an. Es ist möglich, dass mehrere Antwortalternativen den gleichen Erklärungswert besitzen.

■ Deutungen

a) Der Mitarbeiter ist sehr unzufrieden. Er will jedoch jetzt keinen Konflikt, er will nichts begründen und nichts erklären, denn dass etwas nicht stimmt, ist doch schon lange klar.

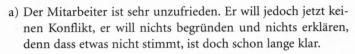

sehr zutreffend　　eher zutreffend　　eher nicht zutreffend　　nicht zutreffend

b) Der Mitarbeiter identifiziert sich nicht mit der Firma, daher wechselt er leichten Herzens seinen Job und will das auch gar nicht weiter rechtfertigen.

sehr zutreffend　　eher zutreffend　　eher nicht zutreffend　　nicht zutreffend

c) Die Situation auf dem tschechischen Arbeitsmarkt ist angespannt. Mitarbeiter, die gut ausgebildet und tüchtig sind, können sich die Stellen aussuchen. Daher ist für sie das zu erzielende Gehalt der allein entscheidende Faktor, und wenn sie irgendwo ein besseres Einkommen erhalten können, wechseln sie sofort.

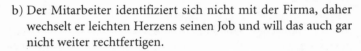

sehr zutreffend　　eher zutreffend　　eher nicht zutreffend　　nicht zutreffend

d) Der tschechische Mitarbeiter hat Streit mit seinen Kollegen, will das aber nicht sagen.

sehr zutreffend　　eher zutreffend　　eher nicht zutreffend　　nicht zutreffend

– Versuchen Sie, Ihre Einstufung jeder Antwortalternative zu begründen. Halten Sie die Begründung in schriftlicher Form stichpunktartig fest.
– Lesen Sie nun die Erläuterungen zu jeder Antwortalternative durch und vergleichen diese mit Ihren eigenen Begründungen.

■ Bedeutungen

Erläuterung zu a):
Diese Erklärung trifft den Nagel auf den Kopf. Ganz sicher ist der Mitarbeiter schon längere Zeit unzufrieden. Und das hat er auch ganz sicher schon längere Zeit signalisiert: Er war nicht länger gut gelaunt; er sprach nur noch selten mit dem Chef und wenn, dann verhielt er sich relativ einsilbig, Ideen brachte er schon lange nicht mehr ein; er verbrachte weniger Zeit, um mit seinen Kollegen einfach so zu plaudern und die Stimmung im Büro angenehm zu gestalten, sondern zog sich zurück. Er zeigte auf diese Weise mit vielerlei Signalen seinem Chef sehr deutlich, dass er unzufrieden war, doch der Chef hat darauf nie reagiert. Nun war es für ihn nicht mehr auszuhalten, sodass er sich entschloss zu kündigen. Dass der Chef nun von ihm eine Begründung wollte, war nicht nur viel zu spät, sondern es war auch viel zu peinlich: Will der deutsche Chef wirklich hören, dass er als Chef versagt hat, wenn er wochen-, vielleicht sogar monatelang nicht gehört hat, was ihm sein Mitarbeiter mitteilte? Diese unangenehme Situation will und kann sich der Mitarbeiter ersparen, indem er ausweichende Antworten gibt. Und weitere Begründungen ist er diesem ignoranten Chef wirklich nicht mehr schuldig.

Erläuterung zu b):
Das ist sehr wahrscheinlich. Tschechen identifizieren sich häufig eher mit dem Chef oder mit wichtigen Personen in einer Firma als mit der Firma als solcher (vgl. Themenbereich 1: Personorientierung und Themenbereich 4: Personorientierte Kontrolle). Im vorliegenden Fall konnte aufgrund der Störungen diese Identifikation wohl kaum gelingen. Er fühlte sich nicht wertgeschätzt und konnte auch seinerseits seinen Chef nicht wertschätzen. Demzufolge ist die Bindung an die Bank sehr gering. Das ist für ihn klar. – Diese Erklärung beschreibt also den sehr wichtigen Aspekt, warum der Mitarbeiter derart leichten Herzens geht; sie sagt aber nichts über das Wie aus.

Erläuterung zu c):
Die Arbeitsmarktlage ist so wie beschrieben. Doch Tschechen sind keineswegs derart materialistisch eingestellt, dass die Höhe

des Einkommens für sie allein ausschlaggebend ist. Wenn sie sich in einem Unternehmen wohl fühlen, wenn sie sich vom Chef und/oder Kollegen wertgeschätzt fühlen, wenn sie vom Produkt begeistert sind, dann steht für sie das Gehalt nicht an erster Stelle (vgl. Themenbereich 4: Personorientierte Kontrolle). Diese Antwort ist zur Erklärung der Situation nicht ausreichend, aber typisch als Erklärung für Deutsche, denn Tschechen glauben, dass es in der Marktwirtschaft ausschließlich um Geld und um sonst nichts geht und diese Antwort somit jedem Deutschen auf Anhieb einleuchtet und er auf weitere (zielführende!) Fragen verzichtet.

Erläuterung zu d):
Das ist nicht auszuschließen. Die Wahrscheinlichkeit ist in diesem Fall aber gering. Der Chef hätte die Konflikte vermutlich irgendwie mitbekommen und der tschechische Mitarbeiter würde dies auch kommentieren (und sich über Kollegen beschweren). Generell sind Konflikte unter den Mitarbeitern allerdings sehr oft der Grund für Kündigungen. Da Tschechen sehr auf Personen bezogen sind, belasten sie Störungen in den Kollegenbeziehungen mehr als etwa Deutsche. Doch wer ist wohl in tschechischen Augen dafür zuständig, derartige Konflikte wahrzunehmen und einer Lösung zuzuführen? – Der Chef. Insofern ist die Hauptursache eine andere.

- Beantworten Sie für sich folgende Frage: Wie würden Sie sich in einer vergleichbaren Situation verhalten?
- Halten Sie Ihre Überlegungen stichpunktartig in schriftlicher Form fest.

■ Lösungsstrategie

Wenn so etwas passiert, ist es gut, sofort mit dem betreffenden Mitarbeiter ein persönliches Gespräch zu suchen. Man könnte ihn zu sich bitten oder ihn an seinem Arbeitsplatz aufsuchen, und ihn dann freundlich fragen, warum er die Firma denn wirklich verlassen will. Natürlich wird er nicht sofort alle Gründe preisgeben, sondern eher verschiedene Antworten, die mehr oder weniger richtig oder ausweichend sind (vgl. Themenbereich 7: Konfliktvermeidung).

Jetzt ist es wichtig als Chef mit eben genau diesem Verhalten zu rechnen und nicht auf Widersprüche hinzuweisen oder ihm Ausreden zu unterstellen oder zu korrigieren. Zuhören ist die Devise! Nur dadurch kann der Mitarbeiter den Eindruck gewinnen, der Chef sei tatsächlich an seiner Begründung interessiert. *Gleichzeitig* ist es für den Chef wichtig, durch entsprechende Fragen die gesamte Skala potenzieller Ursachen offen zu halten. Seine Reflexionsfähigkeit und seine Feinfühligkeit kann ihm dabei ein große Hilfe sein: Was könnte für den Mitarbeiter unangenehm und störend gewesen sein? Je mehr Aspekte zur Sprache kommen, umso besser.

Entscheidend wird letztlich die Einstellung sein, die sich dem Mitarbeiter vermittelt: Der Chef hat ein persönliches Interesse an mir! Dem Chef macht es etwas aus, wenn ich gehe! So sollte auch die Frage nicht fehlen, was denn die Entscheidung des Mitarbeiters revidieren könnte. Abschließend sollte der Chef dem Mitarbeiter noch eine gewisse Zeit einräumen, um ihm seine endgültige Entscheidung mitzuteilen. Vermutlich dauert dieses Gespräch länger, vielleicht werden aus diesem Gespräch auch mehrere. Entscheidend ist der Ton: persönlich, betroffen, wirklich interessiert.

◼ Kulturelle Verankerung von »Starker Kontext«

»Kontext« ist in der Kommunikationstheorie ein Fachbegriff, der wörtlich übersetzt »Zusammenhang« bedeutet. Er versucht zu erfassen, in welchem Zusammenhang eine explizit gemachte verbale Aussage steht. Wer sagt was wie wann wo zu wem und unter welchen Bedingungen? Was sind die Hintergründe für diese Aussage? Was sind die Intentionen? – Die Antworten auf diese Fragen liefern den Kontext einer Aussage. Generell können die Anteile des explizit und eindeutig Gesagten verschieden groß sein im Verhältnis zum Anteil der nicht-sprachlich geäußerten, aber trotzdem wichtigen Botschaft: Man kann entweder den Kontext nicht formulieren, aber selbstverständlich meinen (wie in Beispiel 12), oder man kann den Kontext zusammen mit seiner Aussage mit Worten erklären (wie im Beispiel 11). – Soweit die Theorie.

Kulturunterschiede beziehen sich nun darauf, für wie wichtig der Kontext von Aussagen gehalten wird und wie sehr er daher automatisch in jede Kommunikation mit einbezogen wird. Tschechen bedeutet der Kontext sehr viel und sie handhaben ständig damit, wohingegen Deutsche den Kontext meist vernachlässigen (Schroll-Machl u. Nový 2003). Was bedeutet das?

1. Bei neuen Kontakten oder Situationen, die als solche bewusst sind, bemühen sich Tschechen, eine gemeinsame Wissensbasis herzustellen, in dem sie zu dem, was sie sagen, auch gleich den Kontext erklären (vgl. Beispiel 11). Nur dann informieren sie ihrem Gefühl nach die andere Person »wirklich« und teilen mit ihr sozusagen alles Wissenswerte zu diesem Thema. Man sagt auch, sie stellen einen »gemeinsamen Kontext« her, und meint damit, dass das, was gesagt wurde, jetzt der gemeinsame Wissensfundus für die Zukunft ist.

2. Bestehen Kontakte schon längere Zeit, gehen Tschechen davon aus, dass der gemeinsame Wissensfundus (Kontext) aufgrund gemeinsamer Erfahrungen gegeben ist, und nun nicht mehr erwähnt zu werden braucht. Sie begnügen sich jetzt an vielen Stellen mit Andeutungen, Hinweisen oder nonverbalen Signalen, wenn sie etwas ausdrücken wollen, und nehmen an, dass der andere das versteht und ohne weiteres treffsicher interpretieren kann, weil er ja über dasselbe Wissen verfügt. Das dachte sich beispielsweise der tschechische Bankmitarbeiter (vgl. Beispiel 12).

Weil Deutsche aber den Kontext vernachlässigen, finden Deutsche Tschechen wie im Beispiel 11 viel zu langatmig, und in Szenen wie im Beispiel 12 beschrieben sind Deutsche schlichtweg verloren, weil sie die nicht-expliziten Signale einfach nicht wahrnehmen; sie unterstellen Tschechen dann oft Trickserei, falsches Spiel oder Schlitzohrigkeit. Tschechen halten ihrerseits Deutsche für ungeduldig (Beispiel 11), für unwillig, dumm oder autoritär (Beispiel 12), wenn sie die tschechischen Signale einfach nicht wahrnehmen (wollen?). Seltener begegnet man als Deutscher Szenen wie in Beispiel 11, denn meistens bestehen ja Kontakte bereits, oder es ist Tschechen einfach nicht bewusst, dass Deutsche vieles nicht wissen können, weil der deutsche Kontext in vielerlei Hinsicht gravierend anders ist.

Da dieser unterschiedliche Kommunikationsstil ein gravierendes Problem zwischen Deutschen und Tschechen darstellt, seien diverse Beobachtungen aufgeführt, die den tschechischen »starken Kontext« charakterisieren.

■ Indirektheit

Tschechen benutzen mehr Andeutungen und Anspielungen sowie vorsichtige Formulierungen als Deutsche. Sie beschreiben Dinge mehr, ohne sie direkt beim Namen zu nennen. Sie gehen nicht sofort auf den Kern einer Sache zu, sondern schicken viele Worte voraus und reden viel drum herum.

Humor ist deshalb so wichtig, weil hier Anspielungen und Andeutungen gemacht werden können, vielleicht auch einmal heikle Dinge oder Kritik »verpackt« werden können.

Der tschechische Argumentationsstil bei Meinungsverschiedenheiten ist von vielen Fragen gekennzeichnet. Durch Fragen wird versucht, auf die Schwächen einer Argumentation hinzuweisen und dadurch den Partner von einem anderen Standpunkt zu überzeugen.

■ Implizitheit

Information wird nicht nur mit Worten übermittelt, sondern alle Kanäle sind wichtig: Gestik, Mimik, Tonfall, Augenkontakt, Sprechstil, Schweigen, sozialer Status, gemeinsame Freunde, Dauer der Beziehung sowie sämtliche Signale, die jemand in seinem Umfeld hinterlässt. Alle diese Signale müssen wahrgenommen, in den richtigen Zusammenhang gesetzt, entschlüsselt und richtig interpretiert werden, um verstehen zu können, was Tschechen mitteilen wollen. Der Anteil von Gesprochenem zu Signalen des Kontexts ist dabei unter Umständen derart zugunsten der Signale verschoben, dass sich explizit gesprochene Worte ganz erübrigen.

So äußert sich Unzufriedenheit beispielsweise nicht in klaren Beschwerden oder in offenen, mehr oder weniger aggressiven Gesprächen, sondern ist vom Verantwortlichen durch viele Signale des Kontexts zu erkennen. Gleichgültigkeit, wenig Interesse, Abnicken von Vorschlägen, Ausweichen und Verschieben von Gesprächen, Ungereimtheiten, missmutige Gesichter, Geschimpfe in Pausen, Nachlassen bei den Ergebnissen, weniger Engagement in informellen Strukturen sind Führungskräften Anzeichen, die sie zu deuten haben. Und Zufriedenheit äußert sich oft schlicht darin, dass gut gearbeitet wird und die Stimmung positiv ist beziehungsweise die Fluktuation gering. Auch das bedarf keiner weiteren Worte.

Eine weitere Seite dieses Kulturstandards ist die Neigung der Tschechen zum Literarischen, zu Geschichten, zum Spielen, Inszenieren, zum Feiern, Zelebrieren und zu Ritualen. Diese Dinge sind eine wichtige Kommunikationsform, über die vieles transportiert werden kann.

■ Vorsicht und Absicherung

Aufgrund historischer Erfahrungen der Tschechen, lange Zeit nicht Herr im eigenen Land gewesen zu sein, weist der Kommunikationsstil »starker Kontext« noch einen dritten Aspekt auf, der dieses Merkmal aus anderer Perspektive verstärkt: der Angst, sich durch Aussagen zu gefährden oder durch die Aussagen anderer manipuliert zu werden. Die daraus resultierende Haltung beschreiben Tschechen für sich selbst so: »Mund zu – das ist am sichersten.« Und für die Einschätzung anderer gilt: »Man kann viel sagen – auf die Taten kommt es an.« Indirektheit ist somit für Tschechen einerseits eine gute Möglichkeit, etwas zunächst einmal versuchsweise anzudeuten und die Wirkung zu testen. Andererseits wollen Tschechen zur Einschätzung eines anderen diesen Menschen erleben, beobachten, mit ihm Erfahrungen machen, fühlen, wie es sich an seiner Seite lebt. Aus dem implizit

Gefühlten ziehen sie dann ihre Schlüsse, ob er vertrauenswürdig ist und welche Reaktionen ihm gegenüber angemessen sein könnten. »Indirektheit« und »Implizitheit« dienen also auch der Sicherheit und Absicherung.

Beziehungsaufbau heißt bezogen auf Tschechen daher viel mehr »zusammensein« als miteinander reden. So ist beispielsweise auch zu verstehen, dass verbales Feedback wenig praktiziert wird.

Von »starkem Kontext« ist auch der tschechische Verhandlungsstil gekennzeichnet: Tschechen legen die Karten nicht auf den Tisch, sagen nicht klar, was sie möchten, sondern deuten mehr an oder setzen andere Zeichen. Sie warten weithin ab, wie der andere reagiert. Sie verdecken auch tendenziell ihre eigenen Schwächen. Sie versuchen sich durch diesen Stil Wahlfreiheit zu er- und Auswege offen zu halten.

Gerade in neuen Situationen hat die Ausführlichkeit, mit der der Kontext mit erzählt wird (Beispiel 11), ebenfalls einen Sicherheitsaspekt: Die gegebenen Informationen legen Hintergründe, Absichten und Zusammenhänge offen und geben ein Bild, wer die beteiligten Personen sind. Nur diese Kenntnisse versetzen jemanden in die Lage, die neue Situation einigermaßen einzuschätzen. Fehlen solche Erklärungen, tritt sofort Misstrauen auf den Plan. Insofern kann nicht genug betont werden, wie wichtig es ist, Tschechen für alles, was Deutsche von ihnen wollen, so viele Informationen wie möglich mitzuteilen. Solange nämlich Misstrauen besteht, ist keine besondere Kooperation zu erwarten (vgl. Themenbereich 4). Das ist auch der Grund, warum Tschechen viel fragen und oft sehr bemüht erscheinen, ein möglichst breites Verständnis von einer Aufgabe, einem Problem, einem Verfahren zu erlangen.

Der Kommunikationsstil des »starken Kontexts« hat zur Voraussetzung, dass alle Beteiligten denselben Kontext teilen. Vorteilhaft ist ein »starker Kontext« daher innerhalb bestehender Gruppen und existierender Beziehungen, da so eine Verständigung schnell möglich ist. Mit jeder Verständigung werden die bestehenden Bande und die Grenzen gegenüber denjenigen, die nicht dazu gehören, noch weiter gefestigt.

»Starker Kontext« ist allerdings – und darin liegt sein Nachteil – von vornherein auf Vertraute beschränkt, die die indirekten Äußerungen und die Kontext-Signale nicht nur zu setzen, sondern auch zu deuten wissen. Und das ist eben mit Deutschen in aller Regel nicht der Fall. Aber selbst für Tschechen, die sich nicht besonders nahe stehen, ist es oft sehr schwer, die treffende Interpretation zu finden. Auch Tschechen untereinander sehen sich etlichen Missverständnissen gegenüber oder rätseln, »was wohl jemand damit gemeint hat«, »was er wohl damit sagen wollte« oder »warum jemand etwas nicht gesagt hat«.

Die historischen Bedingungen zur Entwicklung eines gemeinsamen Kontexts (Schroll-Machl 2001) gehen keineswegs nur mit den Auswirkungen totalitärer Regime einher. Tschechien verfügt auch über eine sehr ausgeprägt zentralistische Kultur. Prag war seit jeher das Zentrum für Böhmen und Mähren, und diese Kultur war wiederum von 1526 bis 1918 höfisch geprägt. Diese Tatsachen sind für sich genommen schon ausreichend, um einen Kommunikationsstil des »starken Kontextes« zu begründen. Dazu besitzen die Tschechen eine bis in Ursagen zurückgehende gemeinsame nationale und homogene Identität, die nicht erst in der »Nationalen Erweckung« des 19. Jahrhunderts betont und in den Kontrast zu Wien gestellt wurde, sondern immer wieder auch schon zuvor den Zusammenhalt bestärkte (vgl. Schroll-Machl 2001).

■ Themenbereich 7: Konfliktvermeidung

■ Beispiel 13: Der Konflikt

■ Situation

Die Installationsfirma Maier, die ein Tochterunternehmen in Tschechien hat, hatte einen Auftrag auf einer großen Baustelle in Tschechien, entsprechend wickelte sie den Auftrag fast ausschließlich über das tschechische Tochterunternehmen ab. Der (deutsche) Bauherr war mit der Arbeit sehr zufrieden. Nur zum Schluss gab es Zeitprobleme mit der Fertigstellung, von der die deutsche Mutterfirma aber nichts erfuhr. Sie bekam vielmehr eines Tages ein Einschreiben, die Bauzeit sei nicht einzuhalten und die Firma Maier habe deshalb eine Verzugsstrafe zu erwarten. Am selben Vormittag meldete sich auch der tschechische Geschäftsführer bei Herrn Maier und teilte mit, er habe Zeitprobleme. Er hatte denselben Brief des Bauherrn erhalten.

Herr Maier war sehr verärgert: Warum nur hatte sich der tschechische Geschäftsführer nicht eher bei ihm gemeldet, wo er doch aus einer Personalbesprechung wusste, dass bei der Mutterfirma in Deutschland seit einer Woche sogar ein paar Leute frei und verfügbar waren? Es hätte doch die Möglichkeit bestanden, ihm beizuspringen, sodass erst gar keine Probleme mit dem Kunden entstanden wären. Die Antwort lautete: »Ich wollte das allein machen, ich wollte nicht wie ein kleines Kind um Hilfe bitte.« Herr Maier reagierte sauer: »Das ist doch wohl eine Ausrede!« Jetzt antwortete der Tscheche: »Ich wollte das Budget anderer Abteilungen verschonen und denen keine zusätzlichen Kosten verursachen.« »Ach, lassen Sie doch die Ausreden! Sie wollen doch nur Ihren Fehler nicht eingestehen!« Herr Maier wird wirklich sauer und ärgert sich noch mehr.

Wie ist das Verhalten des tschechischen Geschäftsführers zu erklären?

- Lesen Sie nun die Antwortalternativen nacheinander durch.
- Bestimmen Sie den Erklärungswert jeder Antwortalternative für die gegebene Situation und kreuzen Sie ihn auf der darunter befindlichen Skala entsprechend an. Es ist möglich, dass mehrere Antwortalternativen den gleichen Erklärungswert besitzen.

■ Deutungen

a) Der tschechische Geschäftsführer war der Meinung, den Auftrag schon noch termingerecht fertig zu stellen. Man habe schließlich bis zur letzten Minute Zeit, und irgendwie würden er und seine Mannschaft die Aufgabe schon lösen – und zwar ohne die Deutschen!

sehr zutreffend — eher zutreffend — eher nicht zutreffend — nicht zutreffend

b) Herrn Maier eine schlechte Nachricht mitzuteilen war für den tschechischen Geschäftsführer derart unangenehm, dass er es bis zur letzten Sekunde vermied. Auch dann will er nicht über den Konflikt sprechen, so unangenehm ist ihm die Angelegenheit.

sehr zutreffend — eher zutreffend — eher nicht zutreffend — nicht zutreffend

c) Der tschechische Geschäftsführer nahm die sich anbahnenden Terminprobleme nicht ernst. Kurzfristige Lösungen für aktuelle Probleme fielen ihm immer ein, und hinsichtlich der endgültigen Fertigstellung ging er davon aus, dass der Fixtermin nicht so absolut gemeint sei oder sich wahrscheinlich sowieso verzögern würde.

sehr zutreffend — eher zutreffend — eher nicht zutreffend — nicht zutreffend

d) Auch dem tschechischen Geschäftsführer ist klar, dass er einen Fehler gemacht hat, indem er die Schwierigkeiten zu sehr auf die leichte Schulter genommen hat. Da ihm das alles aber derart unangenehm ist, bedient er sich etlicher Ausreden.

| sehr | eher | eher nicht | nicht |
| zutreffend | zutreffend | zutreffend | zutreffend |

- Versuchen Sie, Ihre Einstufung jeder Antwortalternative zu begründen. Halten Sie die Begründung in schriftlicher Form stichpunktartig fest.
- Lesen Sie nun die Erläuterungen zu jeder Antwortalternative durch und vergleichen diese mit Ihren eigenen Begründungen.

◼ Bedeutungen

Erläuterung zu a):
Diese Erklärung ist ziemlich sicher zutreffend. Im Verein mit der für Tschechen typischen Einstellung zurzeit (vgl. Themenbereich 3) und dem Selbstbild, Meister der Improvisation zu sein (vgl. Themenbereich 2), vertraute er darauf, dass sich alles irgendwie zum Guten wenden würde. Diese Antwort beschreibt somit einen Teil der Motive für einen Teil des Verhaltens gut. Was aber hat es mit den »Ausreden« auf sich?

Erläuterung zu b):
Ins Schwarze getroffen! Der tschechische Geschäftsführer versuchte in dieser Geschichte Konflikten überall aus dem Weg zu gehen. Deshalb rief er Herrn Maier nicht früher an und warnte ihn vor oder bat um Hilfe. Er wollte sein Image nicht beschädigen, und er wollte die Beziehung zu Herrn Maier nicht (in seinen Augen vorschnell und vielleicht unnötig) belasten. Wahrscheinlich verschob er den Anruf Tag für Tag und hoffte auf ein (Improvisations-)Wunder. Der Brief nahm ihm dann zunächst das schwere Telefonat ab. Sich jetzt im Gespräch mit Herrn Maier für seinen Fehler zu rechtfertigen, würde genau in dieser Wunde bohren und das vermeidet er mit »Ausreden«. Die Strategie, in jeder einzelnen Situation, einen Konflikt zu vermeiden, gilt in

115

Tschechien als vernünftig und energieschonend. Dass genau dadurch sich der (Grund-)Konflikt aufschaukeln und womöglich unlösbar wird, ignoriert man weithin: Tschechen hoffen einfach darauf, dass die Befürchtungen nicht eintreten.

Erläuterung zu c):
Auch das ist nicht unwahrscheinlich, sondern eher typisch. Im Sinne von »Abwertung der Strukturen« (Themenbereich 2) und des tschechischen Zeitbewusstseins (Themenbereich 3) ging der Geschäftsführer sicherlich zumindest lange davon aus, dass vieles sowieso »anders kommt als man denkt«. Insofern nahm er den Termin wirklich nicht so ernst, auch die angedrohten Strafen nicht. Und er ist nun überrascht über die Heftigkeit der Reaktion des Bauherrn und die von Herrn Maier. – Doch, diese Erklärung trifft noch nicht die Gefühlslage des tschechischen Geschäftsführers.

Erläuterung zu d):
Diese Antwort erklärt den zweiten Teil der Geschichte treffend: die Ausreden. Es ist ein weit verbreiteter Stil unter Tschechen, unangenehme Situationen, wenn man ihnen schon nicht entrinnen kann, durch Ausreden zu entschärfen. Und das will auch der Geschäftsführer hier. Die Ausreden sollen seine eigenen Gefühle schonen, aber auch Herrn Maier besänftigen. Und sie sollen eine schmerzhafte Ursachenanalyse abwenden und stattdessen dazu überleiten, sich nun der Generierung von Lösungsideen zuzuwenden.

- Beantworten Sie für sich folgende Frage: Wie würden Sie sich in einer vergleichbaren Situation verhalten?
- Halten Sie Ihre Überlegungen stichpunktartig in schriftlicher Form fest.

■ Lösungsstrategie

In dieser Situation ist es das Beste, sich nicht lange mit Schuldzuweisungen aufzuhalten, sondern möglichst schnell dazu überzugehen, nach Lösungen zu suchen, was vielleicht noch getan werden könnte, und wie mit dem Kunden noch zu reden sei. Wirkliche Lösungen, die eine derartige Entwicklung sich erst gar nicht anbahnen lassen, müssen im Vorfeld erfolgen. Dazu jetzt ein paar Hinweise.

Die Eckpfeiler für eine gute Kooperation mit Tschechen heißen: (1) Tschechen müssen überzeugt werden, dass der deutsche Partner unter Kooperation eine gemeinsame Bewältigung der potenziellen Probleme und Konflikte versteht. Das muss durch Taten untermauert werden. (2) Die Lösung der tatsächlichen Probleme erfolgt dann ohne »Bestrafung« (ohne Sanktionen, ohne Vorwürfe), sondern nur auf der sachlichen Ebene: Was kann/soll getan werden? Ist es tatsächlich notwendig, auf Hintergründe einzugehen, dann sind diese deshalb dergestalt zu analysieren, dass nur Zusammenhänge aufgezeigt werden: das führte dazu, das hatte diese Konsequenz und so fort. (3) Die deutsche Seite sollte sich bewusst bemühen, bei Problemen die gute Beziehungsebene nicht zu zerstören, sondern sie sollte sie sogar umso aktiver pflegen, je problematischer die Angelegenheit ist. Das geschieht durchaus, indem immer wieder explizit betont wird, wo und wie man den tschechischen Kollegen schätzt, und welche Erfolge man gemeinsam vorzuweisen hat, und dass es im vorliegenden Fall wirklich nur um die Sache geht.

Am besten ist all das bereits zu Beginn der Kooperation zu besprechen und diese Haltung natürlich immer wieder während der Arbeit an den konkreten Problemen unter Beweis zu stellen. Am allerbesten ist es, ständig Kontakt zu halten, immer wieder Gespräche wegen gemeinsamer Projekte zu initiieren, sodass die tschechische Seite die Möglichkeit hat, frühzeitig sich anbahnende Probleme anzudeuten (vgl. Themenbereich 6) und die deutsche Seite die Möglichkeit hat, den Fortschritt des Projekts oder etwaige Barrieren mitzuerleben. Nur dann kann rechtzeitig gemeinsam reagiert werden, und es kommt gar nicht zu der Situation wie in diesem Beispiel, dass zum Schluss der große, bereits lange Zeit latent vorhandene Konflikt eskaliert.

■ Beispiel 14: Meinungsaustausch?

■ Situation

Ein deutscher Chef in Prag berichtet: »Wenn aufgrund einer Sitzung eine Entscheidung getroffen werden soll, muss ich aufpassen, als Geschäftsführer und Ausländer ja nicht zu früh meine Meinung zu äußern. Denn in dem Moment, wenn ich sie geäußert habe, ist die Debatte beendet: Alle tschechischen Mitarbeiter wiederholen nur noch meinen Standpunkt, aber bringen keine anderen Ideen mehr ein.« Er findet das sehr schade, denn gerade wegen des Meinungsaustauschs findet ja die Sitzung statt.

Warum verhalten sich die tschechischen Mitarbeiter so?

– Lesen Sie nun die Antwortalternativen nacheinander durch.
– Bestimmen Sie den Erklärungswert jeder Antwortalternative für die gegebene Situation und kreuzen Sie ihn auf der darunter befindlichen Skala entsprechend an. Es ist möglich, dass mehrere Antwortalternativen den gleichen Erklärungswert besitzen.

■ Deutungen

a) Bereits ein Austausch unterschiedlicher Meinungen kommt für Tschechen einem Konflikt sehr nah. Diese Situation wollen sie vermeiden und sagen deshalb entweder nichts oder stimmen dem Chef zu.

| sehr | eher | eher nicht | nicht |
| zutreffend | zutreffend | zutreffend | zutreffend |

b) Tschechen sind angenehme Mitarbeiter. Sie bemühen sich sehr, alles genauso zu machen, wie ihr Chef es will.

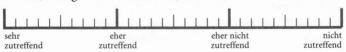

| sehr | eher | eher nicht | nicht |
| zutreffend | zutreffend | zutreffend | zutreffend |

c) Eine Diskussion könnte die Beziehung der Mitarbeiter untereinander beeinträchtigen, wenn man gegensätzlicher Auffassung wäre. Das will man auf diese Art vermeiden.

| sehr zutreffend | eher zutreffend | eher nicht zutreffend | nicht zutreffend |

d) Die Mitarbeiter sind schlichtweg autoritätshörig. Was der Chef sagt, gilt – Ende.

| sehr zutreffend | eher zutreffend | eher nicht zutreffend | nicht zutreffend |

– Versuchen Sie, Ihre Einstufung jeder Antwortalternative zu begründen. Halten Sie die Begründung in schriftlicher Form stichpunktartig fest.
– Lesen Sie nun die Erläuterungen zu jeder Antwortalternative durch und vergleichen diese mit Ihren eigenen Begründungen.

■ Bedeutungen

Erläuterung zu a):
Diese Aussage ist absolut richtig! Das Empfinden, wann ein »Konflikt« herrscht, ist zwischen Tschechen und Deutschen sehr unterschiedlich. Wenn Deutsche »diskutieren« und lediglich Meinung neben Meinung stellen, »streiten« sie in tschechischen Augen bereits. Und das soll nicht sein, solange man zusammenarbeitet, denn das Ideal ist eine angenehme Atmosphäre (vgl. Themenbereich 1).

Erläuterung zu b):
Das ist dann der Fall, wenn die tschechischen Mitarbeiter ihren Chef mögen und wenn sie gegen das meiste, was er will, keine Einwände haben (vgl. Themenbereich 1). – Inwieweit das hier der Fall ist, geht aus der Geschichte nicht hervor.

Erläuterung zu c):
Auch diese Antwort steuert einen ganz wesentlichen Aspekt zur Erklärung des Verhaltens der tschechischen Mitarbeiter bei. Immer, wenn in einem Meeting Dinge zur Sprache kommen, zu de-

nen man nicht die Meinung der Kolleginnen und Kollegen kennt, vermeidet man es tunlichst, Aussagen zu machen. »Mitdenken« heißt in Tschechien, die anderen betroffenen Personen im Auge zu behalten und ihnen durch eine sachliche Aussage keine Unannehmlichkeiten zu bereiten. Alles andere würde als rücksichtslos empfunden und zu Unstimmigkeiten, Vorwürfen und Konflikten führen. Was man also offiziell sagen kann, ist das, was inoffiziell bereits abgestimmt ist. Alles andere ist potenziell gefährlich, weil konfliktträchtig.

Erläuterung zu d):
Diese Formulierung ist zu krass und sie trifft nicht die Selbstdefinition der Tschechen, die sich durchaus als zu kleinen Rebellionen fähig halten (vgl. Themenbereich 2). Das Körnchen Wahrheit, das viele deutsche Chefs dennoch darin entdecken, ist von anderer Qualität: In formellen Strukturen sind Tschechen ausgesprochene Konformisten. Hier spielen sie das Spiel (der Deutschen) mit. Will der Chef ihre Meinung wirklich erfahren und mit ihnen diskutieren, dann muss er auf der Basis einer vertrauensvollen Beziehung informell mit seinen Mitarbeitern reden (vgl. Themenbereich 5)

– Beantworten Sie für sich folgende Frage: Wie würden Sie sich in einer vergleichbaren Situation verhalten?
– Halten Sie Ihre Überlegungen stichpunktartig in schriftlicher Form fest.

■ Lösungsstrategie

Zuallererst und grundlegend ist seitens der Deutschen von der tschechischen Neigung zur Konfliktvermeidung auszugehen. Das bedeutet, dass Sie von einer Meinungsäußerung nur unter bestimmten Umständen ausgehen können, die ein Chef zu berücksichtigen hat:

Möchte ein Chef wirkliche Meinungsäußerungen bekommen und auf Dauer installieren, dann müssen Tschechen erleben können, dass ihre Meinung, ihre Ansichten und Ideen auch wirklich

Berücksichtigung finden und dass sie die Meinung des Chefs wirklich beeinflussen und ändern können. Es genügt nicht, das einmal zu erfahren, sondern diese Möglichkeit muss grundsätzlich tendenziell möglich und immer wieder erlebbar sein.

Zusätzlich ist es gut, den tschechischen Mitarbeitern offen zu sagen, was der Chef von ihnen genau erwartet: Geht es darum, gemeinsam etwas detailliert zu besprechen und zu beschließen? Oder geht es darum, nur ein Ja oder Nein zu bekommen, das der Chef seinerseits weiterverwenden will? Wird den Mitarbeitern das gesagt, dann wissen sie, woran sie sind (vgl. Themenbereich 6) und im einem ähnlichen Fall nicht enttäuscht, keinen größeren Einfluss zu haben.

Außerdem ist es für Deutsche elementar wichtig, sich dessen bewusst zu sein, dass Tschechen ihre Konflikte, wenn sie sie formulieren verniedlichen: »Kleine Hinweise«, »unwichtige Bemerkungen«, eine »unbedeutende Kritik« sind oft (nicht immer!) elementare Hinweise, wichtige Bemerkungen, bedeutsame Kritik. Nach oben gerichtet formuliert sich alles »feiner«, wie Tschechen sagen. Es ist also auf die »Kleinigkeiten« aus tschechischem Mund zu achten!

Bevor jedoch auf die formelle Ebene gegangen werden kann, ist die informelle ausreichend zu bedienen (vgl. Themenbereich 5). Tschechische Mitarbeiter erwarten zunächst »informelle Mitbestimmung«, das heißt, dass ein Chef sich also viel und oft mit ihnen bei informellen Gelegenheiten unterhält und dabei die Atmosphäre und ihre Zufriedenheit spürt sowie Probleme und Konflikte mitbekommt. Die diversen Andeutungen und Aussagen hat er wahrzunehmen (vgl. Themenbereich 6), an sie anknüpfend hat er nachzufragen, und so kann er eine Menge erfahren. Ist die informelle Ebene gut, dann wird er wirklich ehrlich gemeinte Antworten, Hinweise und Meinungen erhalten. Das Vertrauen zwischen ihm und den Mitarbeitern kann zunehmend wachsen, und er kann auch Diskussionen erleben, wenn die Mitarbeiter aufgrund des Vertrauens Mut gefasst haben, ihm gegenüber auch einmal eine anders lautende Meinung zu äußern. Erst jetzt kann ein Chef erwarten, dass auch – parallel zur informellen Ebene – die formelle Ebene angstfreier, offener und in seinen Augen »konstruktiver« wird. Er wird jedoch weiterhin beide Ebenen bedienen müssen!

■ Kulturelle Verankerung von »Konfliktvermeidung«

Der gemeinsame Nenner der beiden Beispiele heißt »Konfliktvermeidung«. Tschechen sagen von sich, dass sie nicht (hart) diskutieren können, Probleme nicht besprechen können, ja dass ihnen solche Gespräche derart unangenehm sind, dass sie ihnen, wo immer möglich, ausweichen (vgl. auch Beispiel 9). So sprechen sie Kritik eher nicht aus, analysieren Probleme eher nicht, benennen Schwierigkeiten und Unangenehmes eher nicht. Das alles wäre für sie bereits ein »Konflikt«, und »Konflikte« vermeiden sie, wo es nur geht – ganz im Gegensatz zu Deutschen, die sich und andere konfrontieren (Schroll-Machl u. Nový 2003, Schroll-Machl 2002). Das übliche, prophylaktisch konfliktvermeidende Verhaltensmuster heißt: sich unauffällig benehmen, keine verbalen Wagnisse riskieren und keine Verantwortung übernehmen, denn Verantwortung führt potenziell zu Konflikten. Betroffen sind von der tschechischen »Konfliktvermeidung« die folgenden Handlungsfelder.

■ Umgang mit Fehlern und Kritik

Es fällt Tschechen sehr schwer, eigene Fehler oder Unwissenheit sich und anderen einzugestehen. Für einen Fehler entschuldigen sich Tschechen meist nicht. Sie suchen vielmehr die Gründe für die Probleme anderswo und nicht bei sich selbst. Sie finden einen Schuldigen, einen widrigen Umstand, eine einfallsreiche Ausrede.

»Quatschen ist beliebt« sagen Tschechen, wenn sie das Phänomen beschreiben, wie mit ausführlichen Diskussionen wenig relevanter Aspekte eines Problems vor allem ein Ablenkungsmanöver von eigenen Fehlern und Schwächen versucht wird, statt einer tatsächlichen Analyse der Komplikationen.

Auch Kritik anzunehmen ist schwierig. Das Aufzeigen von Fehlern, negatives Feedback verletzt und entmutigt. Etwas auszubessern, an »verdächtigen« Punkten nachzubohren, wirkt bereits als Kritik. Klare, eindeutige, direkte Fragen sind bereits ungewohnt und lösen meist (ängstlichen) Rückzug aus. Fehler, vor allem Fehleranalysen, werden nicht als Chance zum Lernen begriffen. Hinter jeder Kritik wird ein »Gewitter« vermutet, das in Sanktionen enden könnte.

»Ausreden« sind Tschechen zur Kunstfertigkeit geworden (vgl. auch Situation 4): Während eine Entschuldigung der Wahrheit entspricht und eine Lüge keine Rücksicht auf den Gesprächspartner und dessen Gefühle nimmt, sondern nur die eigene Situation betrachtet, ist eine Ausrede die gekonnte Diplomatie:

- Die Sache könnte wirklich so sein, das ist nicht klar zu entscheiden.
- Eventuell handelt es sich um eine Teilwahrheit.
- Eine Ausrede ist charmant, denn sie geht auf den Gesprächspartner ein und benutzt ein Argument, das diesem gefällt oder – in vollendeter Kunst – ihm sogar schmeichelt.
- Eine Ausrede hilft dem, der sie gebraucht, aber sie schadet dem Gesprächspartner nicht.
- Ein Spiel: Beide wissen, dass es sich um eine Ausrede handelt, aber sie lassen sich darauf ein.
- Ist die Ausrede humorvoll, kann sich im gemeinsamen Lachen die Atmosphäre entspannen.
- Der Empfänger einer Ausrede, jemand der zu spät feststellt, dass ihm eine Ausrede serviert wurde, ärgert sich über sich selbst und seine Dummheit, nicht über den anderen, der eine Leistung vollbracht hat.

■ Selbstbehauptung

Ein klares Eintreten für eigene Interessen ist ebenfalls nicht üblich. Schon die eigene Unzufriedenheit offen zu präsentieren, zu erklären und zu begründen, wird als sehr unangenehm erlebt und daher vermieden. Ein eventuell zähes Aushandeln einer zufrieden stellenden Lösung bei Interessensunterschieden ist äußerst selten. Denn Tschechen argumentieren nicht lange, sie kämpfen nicht lange. Sie wechseln das Thema, sie finden einen Ausweg, sie verlassen die aktuelle Situation, sie vertagen das Gespräch oder sie wechseln in die Schriftform. Im schlimmsten Fall kündigen sie (vgl. Beispiel 12).

Tschechen sagen nicht Nein. Einen Vorschlag lehnen sie nicht rundheraus ab. Eine Forderung, der niemand etwas abgewinnen kann, wird zunächst einmal hingenommen und dann per Kontextsignale die eigene Einstellung verdeutlicht (vgl. Themenbereich 5): »Ich sage nicht Nein, ich mache Nein« (vgl. auch Beispiel 3). Dennoch gilt: Bei einem Ja wird nicht gar nichts getan, sondern einem mehr oder weniger großer Teil der Forderung oder Bitte nachgekommen: welchem Teil, wie und in welchem Ausmaß – das sind bereits wieder Kontextsignale. Vielleicht werden auch alle Teilaspekte erfüllt, je nach Kontext des weiteren zeitlichen Verlaufs der Beziehung.

Wenn Tschechen überhaupt Kritik äußern, dann nach wesentlich längerer Zeit sowie nicht so präzise und offen wie Deutsche das tun. Am härtesten fallen schriftliche Dokumente aus (Brief, E-Mail, Fax), denen die Stimmungslage am deutlichsten zu entnehmen ist.

■ Probleme lösen

Eine objektive, sachbezogene Analyse von Problemen und Konfliktursachen ist nicht üblich. Eine Analyse wird nicht als »konstruktiv« aufgefasst, um die Sache zu verbessern und voranzubringen, sondern als versteckte Kritik an den beteiligten Personen.

Bei Problemen überwiegt daher eher das Gefühl. Und die bei Problemen vorherrschenden Gefühle heißen Enttäuschung oder Resignation und blockieren weiteres Handeln. Besteht ein Vertrauensverhältnis, dann ist der positivste Fall der, dass Tschechen sofort beim Gewahrwerden des Problems auf eine mögliche Handlung, die sie der peinlichen Analyse entkommen lässt, ausweichen: Sie machen einen Vorschlag, was getan werden könnte, oder versuchen ihren Partner zu überreden, ihr Handeln doch zu akzeptieren.

■ Passiver Widerstand

Wenn Tschechen kämpfen, dann tun sie das meist in Formen, die man »passiver Widerstand« oder »subtiler Boykott« nennen könnte. Das Grundmuster ist dabei so zu beschreiben: Die Struktur wird scheinbar angenommen (»der Mantel wird übergezogen«), jedoch so auf eine Art in Handeln umgesetzt, dass das intendierte Ziel dennoch verfehlt oder zumindest nicht ganz erreicht wird. Man vermeidet geschickt jede Konfrontation, aber lässt die beabsichtigten Maßnahmen ins Leere laufen: Es klappt eben nicht, es gibt eben Hindernisse, es passieren eben Fehler oder Verzögerungen. Dabei bleiben die Akteure nach außen (fast völlig) unschuldig, denn es hat sich lediglich eine kleine Barriere »eingeschlichen«, die freilich große Wirkung hat.

Ein typisches Schema für den Ablauf von »Konflikten« kann so beschrieben werden:

1) Zunächst einmal weichen Tschechen der Thematisierung von Konflikten solange aus, wie es irgendwie geht. Es wird einfach so getan als gäbe es keinen Konflikt. Man will während der Kontakte den Konflikt vergessen, ein möglichst angenehmes Beisammensein herstellen und genießen und damit wieder eine positive gemeinsame Basis schaffen. Der Konflikt wird glattgebügelt, sodass er die Beziehungsebene nicht mehr stört.

2) Die Signale, mit denen man Konflikte einer höheren, nicht zu leugnenden Eskalationsstufe kommuniziert, sind vor allem Kontext-Signale. Das tut man lange, ausgiebig und geduldig. Ein explizites Gespräch findet eher nicht statt. Wenn, dann werden die Konflikte dabei tendenziell bagatellisiert und ein »kleines« Problem kann schon mal ein riesiges sein. Wenn Explizitheit wirklich einmal unumgänglich ist, dann werden Konflikte auf schriftlichem Weg thematisiert – beispielsweise per Fax zum vereinbarten Termin, aber so gut wie nie mündlich.

3) Wird der Druck zu stark, sodass nichts mehr geschluckt werden kann, dann besteht die Gefahr der Explosion: Die kann (a) leise erfolgen, indem die Person plötzlich geht und sich ohne Begründung völlig aus der Situation zurückzieht. (b) Der

»Knall« kann laut sein und ebenfalls das Ende einer Beziehung bedeuten. Es kann aber auch der Rauch wieder abziehen und keiner ist nachtragend. Das kommt auf die Personen, die Situation und die Stärke der Betroffenheit an.

Für Deutsche sind nun die Stufen (1), (2) und (3a) nicht unter-scheidbar, da sie die Konnex-Signale der Tschechen meist nicht enträtseln können (vgl. Themenbereich 5). Sie erleben nur Funk-stille und ärgern sich über die tschechische »Passivität«.

Ursachen

Woher kommt die ausgeprägte Konfliktvermeidung der Tsche-chen? Aufgrund der Personenorientierung (Themenbereich 1) herrscht große Angst, bei einem Konflikt zu verletzen, zu krän-ken, zu beleidigen und verletzt, gekränkt, beleidigt zu werden – mit einem Wort: die Beziehungsebene und die beidseitige Har-monie zu zerstören. Ein tschechischer Mitarbeiter möchte keine unangenehmen Situationen im Kollegenkreis durchstehen müs-sen, er möchte ein gutes Verhältnis erhalten, er bevorzugt »gute Beziehungen«. Das stellt in vielen Fällen einen höheren Wert dar als die Lösung eines Sachproblems. Außerdem hat ein tschechi-scher Kollege nicht das Bedürfnis nach Wohlbefinden: Das Be-streben ist groß, in jeder Situation die positive Atmosphäre zu retten, jetzt die Beziehung nicht zu belasten, selbst wenn das nur zum Schein geschieht. Das kann so weit gehen, dass der Konflikt heruntergespielt wird, zumindest so getan wird, als sei alles in Ordnung. Der tschechische Kollege hat die Hoffnung, dass sich die Situation noch ändert, der Partner seine Meinung noch än-dert und es nicht zum Streit kommt. Damit löst sich der Konflikt von selbst und er kann sich jetzt Stress ersparen.

Eine weitere wichtige Ursache für die »Konfliktvermeidung« besteht zudem in der Diffusion von »rational und emotional« sowie »Person und Rolle« (vgl. Themenbereich 5): Konflikte wer-den immer personifiziert. Sie bleiben nicht auf einer sachlichen Ebene, sondern werden auf die persönliche Ebene übertragen und betreffen daher stets die gesamte Person. Ein Tscheche hört nicht und meint nicht: »Das war schlecht von Ihnen«, sondern: »Sie sind schlecht.« Aus sachlichen Argumenten können somit flugs persönlich beleidigende Äußerungen werden, Fehler werden personalisiert und lasten auf dem Betreffenden einige Zeit als Stigma. Deshalb will man oft keinen Fehler zugeben, will man sich nicht beraten lassen, will man allem Unangenehmen und Peinlichen ausweichen.

Historisch gesehen (vgl. Schroll-Machl 2001) operierten die vergangenen Regime (Absolutismus, Nazi-Diktatur, Kommunismus) totalitär. Gegen sie aufzubegehren war als kleines Volk sinnlos, und Hilfe von anderen Großmächten zu erwarten, erwies sich stets als Trugschluss (so 1938 oder 1968). Man eignete sich stattdessen eine Haltung an, die besagt: Kämpfen sollte man nur dann, wenn man Erfolgsaussichten auf einen Sieg hat, ansonsten sind andere Mittel einzusetzen (z. B. passiver Widerstand) oder es ist Konformismus angesagt, um zumindest Ruhe, manchmal sogar eine Belohnung des Mächtigen zu gewinnen (vgl. Themenbereich 4). Dieser »Sinn für Realität« gilt als klug und weitsichtig, auch wenn ihn andere als Feigheit bezeichnen. Die immer wieder zitierte Figur des »braven Soldaten Schwejk« schildert auf sehr humorvolle Weise individuelles Verhalten in einer aussichtslosen, verloren geglaubten vom Absolutismus geprägten Situation. Schwejk ist der Inbegriff eines »konformistischen Rebellen« und die Humoresken stellen die »Abwertung von Strukturen« in der Variante des »Gehorchens mit innerer Distanz« dar (vgl. Themenbereich 4).

Darüber hinaus regierten alle fremden Systeme in Tschechien mit Angst und Sanktionen. Und diese Angst vor negativen Konsequenzen eines missliebigen Verhaltens ist bis heute eine wichtige Ursache für die Tendenz der Tschechen zu Zurückhaltung und Konfliktvermeidung. Aufgrund der Angst hat man keinen Mut zu diskutieren, eine eigene Meinung oder eigene Vorschläge zu äußern, nachzufragen, Fehler zuzugeben. Bloß nicht auffallen hieß seit Jahrhunderten die Devise, die ein weitgehend angenehmes Lebens ermöglichte. Die Angst vor Sanktionen, vor Geschrei, Vorwürfen, Kündigung, Gehaltskürzung ist mit gutem Grund weit verbreitet. Die tschechische Erziehung arbeitet bis heute überwiegend mit Sanktionen. Und Machtausübung von Tschechen gegenüber Tschechen ist nach wie vor autoritär, wenn sie sich unreflektiert an Führungsmuster der Vergangenheit anlehnt.

Des Weiteren sind Tschechen schlichtweg ungeübt im Diskutieren, im Meinungsstreit, in der Selbstbehauptung. Man hat vor 1989 (von der kurzen demokratische Periode von 1918 bis 1938 einmal abgesehen) niemals einen offenen Kommunikationsstil erlebt oder gar praktizieren können – weder in der Firma, noch auf der politischen Ebene, nirgendwo im öffentlichen Bereich. Also diskutiert man über Probleme nicht offen, verschweigt oder vernebelt lieber unangenehme Informationen, vermeidet Feedback und ist selbst sehr kritikempfindlich.

■ Themenbereich 8:
Schwankende Selbstsicherheit

■ Beispiel 15: Entschuldigung

■ Situation

Ein Wissenschaftler führt in der Tschechischen Republik eine Untersuchung durch, bei der er Tschechen um Interviews bittet. Dabei fällt ihm auf, wie jeder Interviewpartner sich zunächst entschuldigt, seine oder ihre Fremdsprachenkenntnisse würden nicht genügen, er/sie eventuell gar nicht genügend Erfahrung habe, um wirklich Aussagen machen zu können, die Räume für das Interview seien nicht schön genug oder das Raumklima sei nicht besonders gut. Dabei sind die Fremdsprachenkenntnisse ausgezeichnet, die Erfahrungen umfangreich und die Räumlichkeiten absolut in Ordnung, und es bestünde aus deutscher Sicht nicht der geringste Anlass zur Entschuldigung.

Warum verhalten sich Tschechen so?

– Lesen Sie nun die Antwortalternativen nacheinander durch.
– Bestimmen Sie den Erklärungswert jeder Antwortalternative für die gegebene Situation und kreuzen Sie ihn auf der darunter befindlichen Skala entsprechend an. Es ist möglich, dass mehrere Antwortalternativen den gleichen Erklärungswert besitzen.

■ Deutungen

a) Das ist reine Höflichkeit. Zur Definition dessen, was Tschechen unter Höflichkeit verstehen, gehört es nämlich, sich permanent zu entschuldigen.

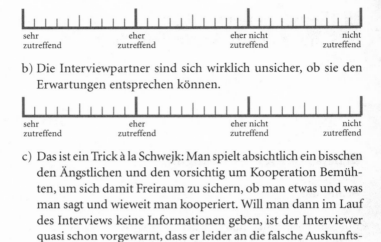

| sehr zutreffend | eher zutreffend | eher nicht zutreffend | nicht zutreffend |

b) Die Interviewpartner sind sich wirklich unsicher, ob sie den Erwartungen entsprechen können.

| sehr zutreffend | eher zutreffend | eher nicht zutreffend | nicht zutreffend |

c) Das ist ein Trick à la Schwejk: Man spielt absichtlich ein bisschen den Ängstlichen und den vorsichtig um Kooperation Bemühten, um sich damit Freiraum zu sichern, ob man etwas und was man sagt und wieweit man kooperiert. Will man dann im Lauf des Interviews keine Informationen geben, ist der Interviewer quasi schon vorgewarnt, dass er leider an die falsche Auskunftsperson geraten ist, und der tschechische Interviewpartner geht aus der Situation als Unschuldslamm hervor.

| sehr zutreffend | eher zutreffend | eher nicht zutreffend | nicht zutreffend |

d) Entschuldigungen dieser Art erlauben einen weicheren Einstieg in ein Gespräch.

| sehr zutreffend | eher zutreffend | eher nicht zutreffend | nicht zutreffend |

– Versuchen Sie, Ihre Einstufung jeder Antwortalternative zu begründen. Halten Sie die Begründung in schriftlicher Form stichpunktartig fest.
– Lesen Sie nun die Erläuterungen zu jeder Antwortalternative durch und vergleichen diese mit Ihren eigenen Begründungen.

■ Bedeutungen

Erläuterung zu a):
Diese Antwort ist bedingt richtig: Tschechen sind ausgesprochen höfliche Menschen. Teil dieser Höflichkeit ist es auch, sich sehr

oft zu entschuldigen für viele kleine »Unebenheiten« des Alltags. Insofern ist dieses Beispiel typisch für tschechischer Höflichkeit. – Dennoch ist damit nicht alles erklärt.

Erläuterung zu b):

Diese Aussage trifft tatsächlich den Kern der Geschichte. Die Interviewpartner fühlten sich in dieser Situation unsicher und unwohl. Wenn sie sich daher höflicherweise entschuldigen, eröffnen sie dem Interviewer die Möglichkeit, durch seine Reaktion die Unsicherheit zu reduzieren. Reagiert er darauf mit einer Zurückweisung der angeführten Unzulänglichkeiten und hebt hervor, wie gut, im Gegenteil, alles sei, verhilft er zu mehr Sicherheit. Reagiert er nicht oder gar bestätigend, dann würde er die Unsicherheit und Ängstlichkeit erhöhen. Diese Art von »Understatement-Spiel« ist in Tschechien sehr weit verbreitet. Man ist nicht nur aus Höflichkeit bescheiden, sondern zweifelt an sich selbst und hofft, deutlich zu hören zu bekommen, dass der Gesprächspartner die vorgetragene bescheidene Selbsteinschätzung im positiven Sinn korrigiert. Dann schwindet die Unsicherheit und die Kooperation kann beginnen.

Erläuterung zu c):

Das ist eine häufige deutsche Fehleinschätzung, die daher rührt, dass Deutsche das »Understatement-Spiel« als vorsätzliches »falsches Spiel« begreifen. Das ist es aber nicht: Es wird in der Selbstdarstellung nur ein wenig bewusst untertrieben (so viel die Höflichkeit eben gebietet), das allermeiste bezweifelt man tatsächlich! Und deshalb braucht man als Tscheche ein Korrektiv von außen, das Feedback geben kann.

Erläuterung zu d):

Auch diese Erklärung ist richtig. Reagiert der Interviewer auf das Understatement in positiv korrigierender Art, dann erhält der Interviewpartner eine persönliche Unterstützung und Bestätigung, und seine Ängstlichkeit und Vorsicht nimmt ab. Zudem bekommt er inhaltliches Feedback, dass der Interviewer tatsächlich an seinen Erfahrungen interessiert ist, und er wird sich ermuntert sehen, ausführlicher und unbefangener darüber zu sprechen.

- Beantworten Sie für sich folgende Frage: Wie würden Sie sich in einer vergleichbaren Situation verhalten?
- Halten Sie Ihre Überlegungen stichpunktartig in schriftlicher Form fest.

■ Lösungsstrategie

Wichtig ist in dieser Situation, wie in allen, in denen das tschechische Understatement auftaucht, die darin zum Ausdruck kommenden Selbstzweifel möglichst bald zu zerstreuen. Beim ersten Signal sind die Dinge bereits richtig zu stellen: »Die Einrichtung Ihres Büros ist genauso gut wie bei unserer Firma in Deutschland.« »Nein, Sie sprechen gut deutsch, meine anderen Geschäftspartner im Ausland sprechen sicher nicht besser.« Es geht hier nicht um ein Fishing for Compliments, es geht um die Anerkennung als Partner auf gleichem Niveau! Tschechen brauchen dazu den Vergleich mit der »sonstigen Welt« außerhalb Tschechiens. Sagt jemand ganz unbefangen, natürlich, spontan, dass sie in diesem Vergleich absolut »konkurrenzfähig« sind, dann ist für sie alles in Ordnung, sie fühlen sich sicherer und ruhiger. – Tschechisches Understatement ist kein Spiel, es ist Ernst.

■ Beispiel 16: Bürokratie

■ Situation

In einer deutschen Finanzgesellschaft in Tschechien herrschen auch für den Geschmack von Herrn W. viele bürokratische Vorschriften. Er findet das oft lästig und neigt dazu, die eine oder andere Vorschrift, das eine oder andere Formular gelegentlich auch nicht zu beachten. Ganz anders seine tschechischen Mitarbeiter: Sie erfüllen jede Vorgabe im Detail. Wenn er jemandem eine Aufgabe gibt, erhält er zuerst Fragen nach den zu beachtenden Vorschriften, Formularen und so weiter. Wenn er dann sagt, das sei jetzt nicht entscheidend, der Mitarbeiter möge sich schnell an die Aufgabe machen und sie baldmöglichst im Sinne der Kundenzufriedenheit erfüllen, dann stößt er auf Widerstand: Man mache das erst, wenn man die einschlägigen Paragraphen kenne. Herrn W. bringt das manchmal zur Verzweiflung. Die Krönung seiner diesbezüglichen Erfahrungen erlebt er seit zwei Wochen: Die tschechischen Mitarbeiter haben ein Formular erfunden mit der Bezeichnung »Antrag auf eine Unterschrift«, das sie ihm zu jedem Brief beilegen, den er unterzeichnen muss.

Herr W. fragt sich, was das soll.

– Lesen Sie nun die Antwortalternativen nacheinander durch.
– Bestimmen Sie den Erklärungswert jeder Antwortalternative für die gegebene Situation und kreuzen Sie ihn auf der darunter befindlichen Skala entsprechend an. Es ist möglich, dass mehrere Antwortalternativen den gleichen Erklärungswert besitzen.

■ Deutungen

a) Die tschechischen Mitarbeiter wollen Herrn W. auf den Arm nehmen, indem sie die deutschen Vorschriften ad absurdum führen.

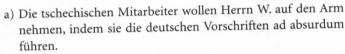

| sehr zutreffend | eher zutreffend | eher nicht zutreffend | nicht zutreffend |

b) Die Tschechen halten die gesamte Bürokratie der Deutschen in der Finanzgesellschaft für Unsinn. Sie haben aber keine Wahl, also machen sie mit.

| sehr zutreffend | eher zutreffend | eher nicht zutreffend | nicht zutreffend |

c) Die tschechischen Mitarbeiter hatten vor der Wende ein völlig anderes Umfeld für den Bereich Finanzwirtschaft. Somit übernahmen sie alle Regelungen der Deutschen exakt und vervollkommnen sie, beispielsweise mit dem Antrag auf eine Unterschrift.

| sehr zutreffend | eher zutreffend | eher nicht zutreffend | nicht zutreffend |

d) Die Deutschen lieben Bürokratie. Das erfahren die tschechischen Mitarbeiter täglich. Um nun Anerkennung von den Deutschen zu bekommen, müssen sie, so denken sie, sich auf diesem Feld ganz besonders bemühen.

| sehr zutreffend | eher zutreffend | eher nicht zutreffend | nicht zutreffend |

- Versuchen Sie, Ihre Einstufung jeder Antwortalternative zu begründen. Halten Sie die Begründung in schriftlicher Form stichpunktartig fest.
- Lesen Sie nun die Erläuterungen zu jeder Antwortalternative durch und vergleichen diese mit Ihren eigenen Begründungen.

■ Bedeutungen

Erläuterung zu a):
Nein: Der »Antrag auf Unterschrift« ist zwar herausragend, aber kein Sonderfall des Verhaltens der tschechischen Mitarbeiter. Sie sind stets um Vorschriften sehr bemüht.

Erläuterung zu b):
Richtig! Die Deutschen haben sicherlich in der Vergangenheit sehr viel Energie in die »Erziehung« der tschechischen Mitarbeiter zu regelkonformem Arbeiten gesteckt. Dabei haben sie es augenscheinlich sogar geschafft, die ursprünglich typische »Abwertung der Strukturen« und die ursprüngliche tschechische »Improvisationsliebe« (vgl. Themenbereich 2) auszumerzen. – Doch warum sind die Tschechen jetzt sozusagen deutscher als die Deutschen?

Erläuterung zu c):
Diese Antwort kommt der Sache sehr nah. Die Tschechen erlernten bereitwillig die Vorgaben der Deutschen und übernahmen sie. Jetzt setzte ihre »Kreativität« (vgl. Themenbereich 2) auf eine ganz andere Weise ein: Sie entdeckten Schwachstellen und Lücken und begannen, diese zu beheben. Und das machten sie vermeintlich in Richtung der Erwartungen der Deutschen! Worüber

sich ihr deutscher Chef jetzt beschwert, ist für sie überhaupt nicht nachvollziehbar. Er will das doch so – oder?! Trotzdem: Warum halten sie durch? Warum verfallen sie jetzt nicht in die »Abwertung der Strukturen«? Suchen Sie weiter nach einer möglichst zutreffenden Antwort.

Erläuterung zu d):

Genau: Die tschechischen Mitarbeiter wollen auf diese Art Anerkennung bekommen, sie wollen gelobt und vielleicht sogar ein bisschen bewundert werden für ihre hervorragenden Leistungen. Mit ziemlicher Sicherheit herrscht in dieser Finanzgesellschaft keine schlechte Atmosphäre zwischen den Deutschen und den Tschechen, sonst würden diese sich nicht so im (vermeintlichen) Sinne der Deutschen bemühen (vgl. Themenbereich 4). Auch haben die Tschechen höchstwahrscheinlich Zeichen positiven Feedbacks erhalten, als sie sich auf den Lernprozess »Bürokratie« mit den Deutschen einließen. Und jetzt glauben sie, seien sie so weit, dass ihnen höchste Anerkennung als »Musterschüler« gebühre. Sie lechzen nach dieser Bestätigung und denken sich Detail um Detail aus, um den Deutschen – im Bild gesprochen – Töne der Entzückung zu entlocken. Sich selbst, ihre ursprünglichen Impulse (»Abwertung von Strukturen«), ihre eigentliche Einstellung (große Teile des bürokratischen Systems sind sinnlos und hinderlich, vgl. Antwort b) haben sie dabei vergessen und verdrängt. Und das ist die Tragik dieser Geschichte: Es fehlt ihnen gewissermaßen das Rückgrat, sich mit den Deutschen, mit dem System, mit dessen Problemen und Gefahren auseinander zu setzen. Und es fehlt der Mut, eigene (teilweise abweichende) Entscheidungen zu treffen, zu vertreten und anderen (Tschechen und Deutschen) gegenüber zu verantworten. Die Überanpassung ist eine Kompensation der mangelnden Selbstsicherheit. Und solange sie keine Anerkennung, sondern wiederum Kritik erfahren, können sie aus dieser Dynamik auch nicht aussteigen.

– Beantworten Sie für sich folgende Frage: Wie würden Sie sich in einer vergleichbaren Situation verhalten?
– Halten Sie Ihre Überlegungen stichpunktartig in schriftlicher Form fest.

■ Lösungsstrategie

Wenn ein Deutscher das Gefühl hat, dass Tschechen übertreiben, dass sie extremer sind als Deutsche und dieses Verhalten der Sache zum Nachteil gereicht, dann besteht die beste Lösung darin, die Tschechen behutsam in ausführlichen Gesprächen darauf hinzuweisen. Zunächst sind die positiven Seiten ihres Verhaltens hervorzuheben und ein positives Feedback zu geben für das Grundanliegen zu kooperieren. Erst dann ist es angesagt, auf einzelne Punkte zu kommen, die übertrieben werden und sich damit negativ auswirken. Kritikpunkte sind dann hinsichtlich ihrer Intention und der negativen Begleiterscheinungen zu besprechen. Die Kurzform der Botschaft lässt sich so zusammenfassen: »Im Prinzip ist das okay. Aber bitte machen Sie hier ...« Dabei ist es sinnvoll, die Dinge nicht ein für alle Mal klarstellen zu wollen, sondern mehrere Gespräche zu führen und sich jeweils nur einen wirklich wichtigen Punkt vorzunehmen. Immer wieder sind dann auch positiv die neuerlichen Fortschritte beim Abbau der Übertreibungen rückzumelden.

Wenn jemand pauschal, zu viel oder gar alles auf einmal kritisiert, dann verfallen Tschechen in das absolute Gegenteil: Sie schaffen die gesamte, auch die sinnvolle Bürokratie ab. Es geht und ging ihnen ja nicht um die Sache, sondern um die Anerkennung, um das Recht-machen-Wollen! Und was sie tun, das tun sie mehr oder weniger dem Deutschen zuliebe, nicht aus innerer Überzeugung (vgl. Themenbereich 4).

■ Kulturelle Verankerung von »Schwankende Selbstsicherheit«

Tschechen unterliegen in ihrer Selbstsicherheit mitunter größeren Schwankungen. Sie pendeln zwischen Bescheidenheit, Understatement, geringem Selbstvertrauen, Unsicherheit und Vorsicht einerseits und Selbstüberschätzung und Übertreibung andererseits. Manchmal erscheinen sie fast unterwürfig, um dann wieder zu glauben, sie seien um Längen besser und anderen klar überlegen. Das gilt sowohl interindividuell, das heißt, man-

138

che Tschechen zeigen eine eher zu große und andere eine eher zu geringe Selbstsicherheit; das gilt aber auch intraindividuell, sodass dieselbe Person mal in die eine Richtung und mal in die andere Richtung tendiert. Der Grund dafür ist immer Unsicherheit in der Selbsteinschätzung, die eine Unterschätzung oder eine Überschätzung der eigenen Fähigkeiten, der eigenen Stärken und der eigenen Leistung zur Folge hat.

■ Zu geringe Selbstsicherheit

Für die Mehrheit der tschechischen Nation ist ein gewisser Minderwertigkeitskomplex bezogen auf die westliche Welt vorherrschend: Alles Westliche hat ein hohes Image. Westliche Waren werden geschätzt, zu westlichen Fachleuten wird vielfach aufgeblickt, Reisen und Kontakte in den Westen gelten als attraktiv. Von daher verhält man sich gegenüber allen aus dem Westen tendenziell als jemand von niederem Rang, manchmal gar »unterwürfig«.

In vielen Dingen sind sich Tschechen tatsächlich unsicher und das schlägt auf ihr Verhalten durch: Sie haben erst mit der Marktwirtschaft allmählich gelernt, die eigenen Qualitäten kundzutun, sich selbst darzustellen und »sich zu verkaufen«. Somit sind viele immer noch unsicherer, bescheidener und zurückhaltender. Tschechen tun sich nicht nur wegen der bereits beschriebenen Konfliktvermeidung (vgl. Themenbereich 7) schwer, ihre Meinung zu äußern oder anderen gegenüber genau nachzubohren. Oft sind sie schlicht nicht mutig und »frech« genug. Tschechen haben Angst, etwas falsch zu machen. Sie haben Angst, sich zu blamieren und blöd auszusehen. Auch das ist eine Wurzel für ihre Zurückhaltung: Lieber sage ich nichts als etwas Falsches. Kritik auszuweichen ist also nicht nur ein Reflex der Konfliktvermeidung (vgl. Themenbereich 7), sondern auch Selbstschutz, um nicht abzustürzen in ein schmerzhaftes, negatives Selbstbild.

Ein »anständiger« und »wohlerzogener« Tscheche tritt grundsätzlich eher bescheiden, zurückhaltend oder höchstens kumpelhaft auf, nicht assertiv oder gar aggressiv. Außerdem hört er gut zu. Einem Tschechen soll man eher nicht anmerken, wie kompetent er ist, was als Zeichen wahrer Bildung und Größe geschätzt wird. Überdies gehört es zur Höflichkeit, sich permanent zu entschuldigen für im Grunde unbedeutende Dinge des Alltags. Zudem existieren eine Fülle rhetorischer Floskeln, wie etwa »Das ist schwer zu sagen« als Einleitung zur Antwort auf eine Frage.

Grundsätzlich wirkt Schwäche auf Tschechen sympathisch. Dem Schwachen drückt man die Daumen, auf seiner Seite steht man. Gleichzeitig haben Tschechen ein sehr fein ausgeprägtes Gespür für Asymmetrien in Beziehungen: Ausführliche Erklärungen von Verfahren stempeln den, dem erklärt wird, zum Dümmeren. Eine strukturierte, inhaltlich umfassend vorbereitete Präsentation kann »überrollend« und atemberaubend dominant wirken. Als Hilfe apostrophierte Handlungen werden in ihrer Richtung deutlich hierarchisch erlebt. Manchmal genügt allein die Tatsache, dass eine Firma in deutschem Besitz ist, um ein Gefühl der Benachteiligung auszulösen.

Die Sprache spielt eine nicht zu vernachlässigende Rolle. Die Tatsache, dass Deutsche nur in Ausnahmefällen Tschechisch sprechen, sodass die Kommunikation normalerweise in Deutsch stattfindet, führt in jeder Begegnung zu einem Ungleichgewicht und zu Gefühlen der Unvollkommenheit seitens der Tschechen.

■ Übersteigerte Selbstsicherheit

Tschechen in prestigeträchtigen und machtvollen Positionen werden häufig als das glatte Gegenteil geschildert. Sie scheinen teilweise ihre Macht ungehemmt auszuleben und andere spüren zu lassen – Tschechen wie Deutsche. So äußern sie mitunter Ansprüche wie Gehaltssteigerungen oder Forderungen nach Statussymbolen, die der Relation zur Leistung, zu analogen Positionen im Mutterhaus oder zur Größe der Firma in Tschechien nicht entsprechen, sondern als überzogen beurteilt werden müssen. Auf derselben Linie liegen auch Verhaltensweisen dieses Personenkreises, die von (anderen) Tschechen wie von Deutschen als Angeberei erlebt werden. Es scheint manchmal so, als wäre eine Firma nur dann viel wert, wenn sie Statussymbole bereitstellt und viel in Repräsentation investiert.

Einige berufliche Zielvorgaben, die sich Tschechen setzen, sowie die Vorstellungen über manche betriebliche Möglichkeiten halten Deutsche aufgrund ihrer Erfahrung für gänzlich unrealistisch. Im Transformationsprozess erleben sich manche Tschechen als die »Amerikaner Europas«, die sich hocharbeiten und viele andere europäische Länder überflügeln werden.

Das Verhältnis zu Deutschen ist von besonderen Zügen geprägt. Manchmal werden Deutsche im Alltag mit einem anderen Maßstab gemessen: Sie zahlen höhere Preise oder erfahren eine diskriminierende, unfreundliche Behandlung, wenn sie sich in einer normalen Position befinden. Obgleich Tschechen oft in einen Wettbewerb treten, um sich und anderen die eigene Leistung zu beweisen, stimuliert sie der Wettbewerb mit Deutschen besonders und der Sieg in diesem Wettbewerb erfüllt sie mit besonderem Stolz. Tschechen suchen sich dazu gern Felder, in denen sie besser (findiger) sind. Das Gefühl der Überlegenheit gegenüber den betreffenden Deutschen wird dann demonstriert und besonders genossen und nährt das Selbstbild, eigentlich besser und schlauer zu sein. Der Wettbewerb zwischen Deutschen und Tschechen wird von beiden Seiten nicht immer fair geführt: Wenn Deutsche Zweitklassiges ausrangieren, weil es für die Produktion in Tschechien »noch taugt«, kränkt das die Tschechen sehr; wenn Tschechen einen Deutschen als »bad guy« benutzen und anderen Tschechen vorspielen, wie sehr sie dieser knebelt, dann fühlt sich der Deutsche missbraucht.

Der Vorteil der schwankenden Selbstsicherheit liegt darin, dass die meisten Tschechen sehr nett und umgänglich, kollegial und fast kumpelhaft erlebt werden. Der Nachteil ist – gerade was den Kontakt mit Deutschen betrifft –, dass Tschechen es ihnen oft schwer machen, sie als gleichwertige und gleichrangige Partner zu erleben und als solche dann auch zu behandeln: Treten Tschechen zu bescheiden auf und Deutsche nehmen die ihnen scheinbar angebotene stärkere Rolle an, werden die Tschechen erneut beleidigt; provozieren Tschechen scheinbar extrem selbstsicher einen Machtkampf mit Deutschen, die darauf einsteigen, dann verstärken sich ebenfalls alte Rivalitätsmuster.

■ Ursachen für die schwankende Selbstsicherheit

Einen Grund für die überwiegend geringe Selbstsicherheit sehen Tschechen darin, dass sie stets als ganze Person agieren, also fast nie nur in der Rolle (vgl. Themenbereich 5). Tschechen müssen sich bei einem neuen Kontakt erst ihre Position gegenüber dem Partner als ganze Person erobern, die Rolle allein reicht dafür nicht aus. Dadurch könnten auch ihre Schwächen eher zum Vorschein kommen. Also treten sie zunächst scheuer, schüchterner, zurückhaltender auf, um sich keine Chance zu vergeben. Die möglicherweise übersteigerte Selbstsicherheit kann dann eintreten, wenn sich jemand aufgrund seiner Rolle gerade unanfechtbar wähnt.

Und dazu kommt seit der politischen Wende Ende der Achtzigerjahre, dass der Transformationsprozess seinerseits eine Menge Angstquellen und Kränkungsmöglichkeiten in sich birgt, weil das politische und Wirtschaftssystem der Tschechen geändert wurde, nicht das (west)deutsche. Das bedeutet nicht nur fehlende Anerkennung für die Vergangenheit, sondern erneute Unsicherheit, wie Marktwirtschaft im Detail funktioniert, welche Erwartungen hier genau zu erfüllen sind und wie das am besten zu leisten ist. Es herrscht tatsächlich Unsicherheit, wie Tschechien im internationalen Vergleich einzuordnen ist; in vielen Bereichen gibt es keine Vorerfahrungen und somit keine realistischen Vorstellungen; in den höchsten Positionen sitzen beinahe keine Tschechen. Der Wissens- und Erfahrungsvorsprung der Deutschen ist (immer noch) ein Faktum und damit ist Asymmetrie (immer noch) mehr oder weniger eine Bedingung, mit der man zu leben hat. Wenn der Globalisierungsprozess bedingt, dass tschechische Unternehmen in nichttschechische Hände kommen oder dass politische Macht teilweise an die EU abgegeben werden muss, ist auch dieser Prozess dem Aufbau von Selbstsicherheit im Sinne einer empfundenen Selbstbestimmung nicht förderlich. Die Angst, ausgenutzt zu werden, ist unleugbar vorhanden und wird durch etliche Einzelfälle immer wieder genährt. Der Teil, auf den man ungebrochen stolz ist – das rege Kulturleben in Literatur, Theater, Musik, Malerei, Architektur –, reicht nicht aus, die Gefährdungen des Selbstwertgefühls durch den wirtschaftlichen Transformationsprozess zu kompensieren.

Leider rührt diese neuerliche Entwicklung an alte Wunden, in denen Stolz und Verletzung stets nahe beieinander lagen (vgl. Schroll-Machl 2001): Böhmen wurde früh Lehen des Deutschen Reichs, was den böhmischen Fürsten große Macht brachte. Karl IV. war ein großer Kaiser, Prag die blühende Hauptstadt des Deutschen Reichs. Die Hus'sche Reform nahm viele höchst progressive Ideen vorweg. Das böhmische Barock war epochebildend. Nach dem Zerfall der Habsburger Monarchie 1918 war in Böhmen und Mähren drei Viertel der gesamten Industrie der Habsburger Monarchie verblieben, und die nach erfolgreichen Verhandlungen mit den Siegermächten neu gegründete (tschechoslowakische) Republik war eine moderne Industriegesellschaft. Trotz der permanenten Einbindung in deutsche Herrschaftszusammenhänge bis 1918 waren die Tschechen das einzige (!) Volk, das seine slawische Identität behaupten konnte und nicht assimiliert wurde. – Das sind historische Fakten, die Anlass zu Stolz geben.

Die erlebten Niederlagen sind so zu umreißen: Jan Hus wurde als Häretiker verbrannt (1415). Die Gegenreformation traf Böhmen und Mähren hart, ab 1620 (Schlacht am Weißen Berg) wurden diese Länder in die absolutistische Habsburger Herrschaft eingegliedert mit Deutsch als Amtssprache, Katholizismus als Religion, Regierungssitz in Wien, damit verbunden der Abwanderung der oberen Schichten nach Wien, zudem dienten Böhmen und Mähren wiederholt als militärisches Aufmarschgebiet und Beute. 1938 wurde die Tschechoslowakei (ohne ihre Mitsprache!) im Münchener Abkommen Hitler von den Großmächten geopfert, 1945 wurde der Stopp der Amerikaner bei Pilsen und dann ihr Rückzug auf deutsches Territorium unter den Siegermächten USA und Sowjetunion vereinbart. – Welchen Einfluss diese Geschichte, die eindeutig als Fremdherrschaft erlebt wurde, für die Mentalitätsentwicklung hatte, darauf wurde im Zusammenhang mehrerer Kulturstandards bereits Bezug genommen. Ein Schwanken in der Selbstsicherheit und Unsicherheit in der Selbsteinschätzung von Tschechen ist vor diesem Hintergrund keinesfalls verwunderlich!

■ Literatur

Fink, G.; Nový, I.; Schroll-Machl, S. (2001): Tschechische, öster-reichische und deutsche Kulturstandards in der Wirtschafts-kooperation. Journal for East European Management Studies (JEEMS) 5 (4): 361–376.

Hall, E.; Hall, M. (1990): Understanding Cultural Differences. Yarmouth, Maine.

Nový, I.; Schroll-Machl, S. (1999): Interkulturní komunikace v rízení a podnikaní. Prag.

Schroll-Machl, S. (2001): Businesskontakte zwischen Deutschen und Tschechen. Kulturunterschiede in der Wirtschaftszusam-menarbeit. Sternenfels.

Schroll-Machl, S. (2002): Die Deutschen – Wir Deutsche. Fremd-wahrnehmung und Selbstsicht im Berufsleben. Göttingen.

Schroll-Machl, S.; Nový, I. (2003): Perfekt geplant oder genial improvisiert? Kulturunterschiede in der deutsch-tschechi-schen Zusammenarbeit. 2. Auflage. Mering.

Thomas, A. (Hg.) (1996): Psychologie interkulturellen Han-delns. Göttingen.

Trompenaars, F. (1993): Handbuch globales managen: Wie man kulturelle Unterschiede im Geschäftsleben versteht. Düssel-dorf.